AF474898

EN INDO-CHINE

PARIS. TYP. DE E. PLON, NOURRIT ET Cie, 8, RUE GARANCIÈRE. — 4863-136.

EN INDO-CHINE

1894-1895

CAMBODGE, COCHINCHINE, LAOS
SIAM MÉRIDIONAL

PAR

LE COMTE BARTHÉLEMY

Ouvrage accompagné de gravures

PARIS
LIBRAIRIE PLON
E. PLON, NOURRIT ET Cie, IMPRIMEURS-ÉDITEURS
RUE GARANCIÈRE, 10

1899

A MON PÈRE

LE MARQUIS DE BARTHÉLEMY

MON CHER PERE,

Combien de fois le voyageur qui pénètre dans les contrees peu connues entend-il louer son énergie, sa patience, sa force de volonté ?

Cependant, il est, à côté du voyageur, des personnes bien plus modestes, mais aussi bien plus méritantes : ce sont ceux qui restent.

Vous êtes, mon cher Père, de tous ces derniers, l'un des plus admirables, car vous devez rester seul, longtemps, sans nouvelles d'un fils unique auquel vous tenez peut-être plus qu'il ne vaut réellement.

Je comprends toutes vos souffrances, elles sont un encouragement pour moi à faire porter leurs fruits aux voyages que j'entreprends.

Aujourd'hui, je fais paraître quelques-unes de mes obser-

vations ; je me suis attaché à leur donner une valeur digne des inquiétudes qu'elles vous ont coûté.

Je ne sais si le public appréciera mes premiers essais, mais je vous offre cet ouvrage avec l'amour et la reconnaissance d'un fils respectueux.

PIERRE.

Douaville, 4 novembre 1898.

PRÉFACE

Il y a quelque temps, la préface d'un livre de voyages était bien simple : on prêchait les voyages lointains, on les disait seuls aptes à former la jeunesse, et l'on ajoutait : « Grâce à quelques difficultés vaincues, quelques dangers courus, les illusions d'une jeune imagination s'envolent, et l'adolescent devient homme. »

Aujourd'hui de telles recommandations deviennent inutiles ; notre jeunesse française a répondu à l'appel fait à son activité, on n'en est plus à compter en France, et surtout dans la société parisienne, les gens qui ont voyagé, vu et lu. Mais l'œuvre du progrès n'est pas terminée. Il nous faut, jeunes gens, profiter de notre expérience acquise en ces pays lointains pour apprendre à les mettre en valeur et attacher notre activité spécialement aux colonies françaises.

C'est l'idée dominante qui m'a décidé à écrire ce livre relatant nos derniers voyages en Indo-Chine. Le sujet est bien rebattu, j'espère néanmoins lui donner un air nouveau en ne cherchant pas à lutter de compétence avec les vieux coloniaux, dont je n'ai pu acquérir encore l'expérience, mais en donnant franchement mes idées telles qu'elles peuvent sortir du cerveau d'un Parisien qui trois fois a traversé le pays et visité l'intérieur. Si je puis attirer vers l'Indo-Chine quelques-uns de nos jeunes voyageurs et lui avoir gagné ainsi quelques apôtres, je n'aurai pas perdu mon temps et me déclarerai satisfait.

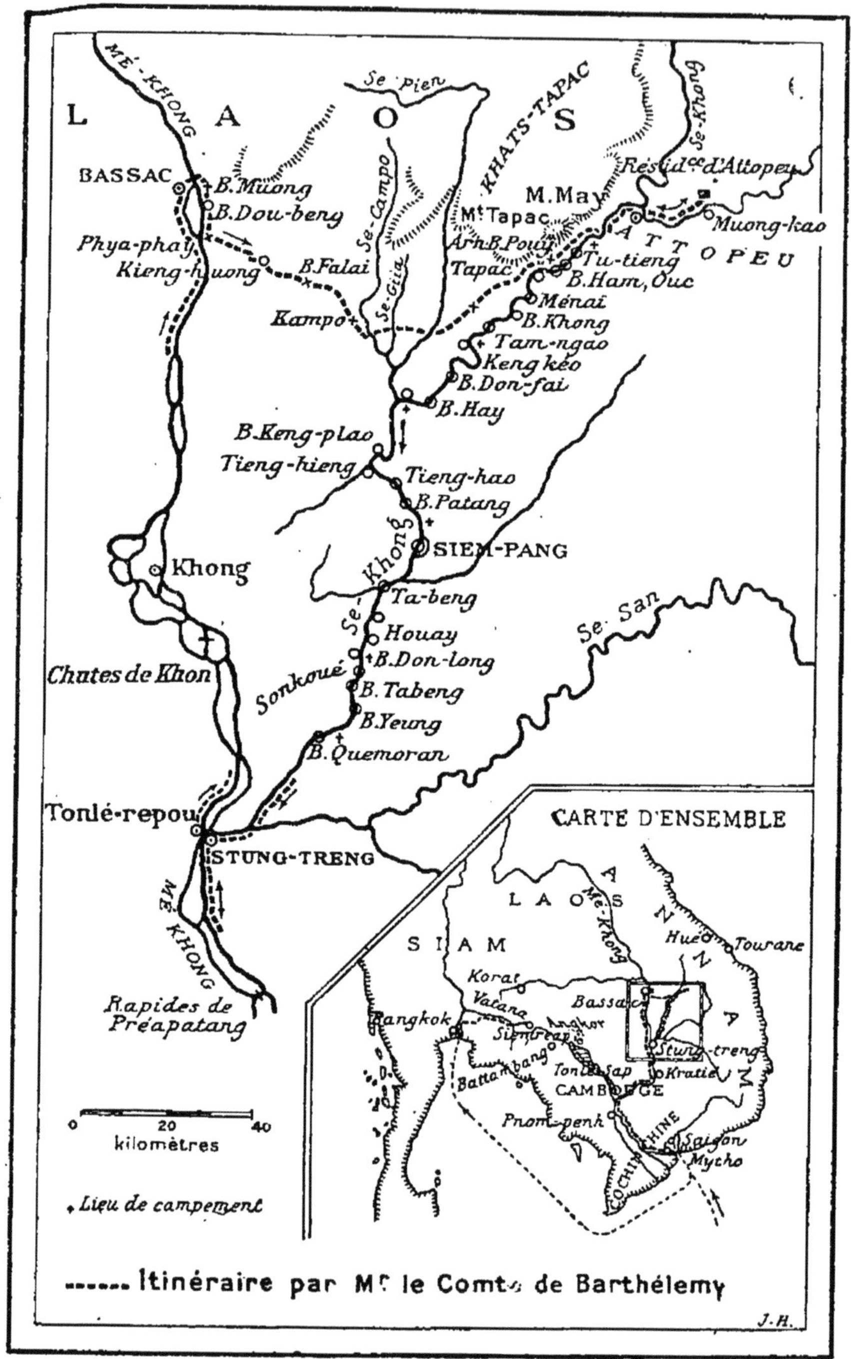
L A O S
MÉ-KHONG
BASSAC
B. Muong
B. Dou-beng
Phya-phay
Kieng-huong
B. Falai
Se Pien
Se-Campo
Se-Gia
Kampo
KHATS-TAPAC
Mt Tapac
M. May
Arh.B.Pouy
Tapac
Résidce d'Attopeu
Se-Khong
Muong-kao
ATTOPEU
Tu-tieng
B. Ham, Ouc
Ménai
B. Khong
Tam-ngao
Keng keo
B. Don-fai
B. Hay
B. Keng-plao
Tieng-hieng
Tieng-hao
B. Patang
SIEM-PANG
Khong
Se-Khong
Ta-beng
Houay
B. Don-long
Sonkoué
B. Tabeng
B. Yeung
B. Quemoran
Se San
Chutes de Khon
Tonlé-repou
STUNG-TRENG
MÉ KHONG
Rapides de Préapatang
0 20 40
kilomètres
Lieu de campement
CARTE D'ENSEMBLE
LAOS
SIAM
ANNAM
Mé-Khong
Hué
Tourane
Korat
Vatana
Bassac
Bangkok
Angkor
Siemreap
Battambang
Tonlé Sap
Stung-treng
Kratie
CAMBODGE
Pnom-penh
COCHINCHINE
Saigon
Mytho
...... Itinéraire par Mr le Comte de Barthélemy
J.H.

En Indo-Chine

CHAPITRE PREMIER

SAIGON

Le 16 janvier 1894, à trois heures et demie de l'après-midi, on signalait, à bord de l'*Ernest-Simon*, des Messageries maritimes, le cap Saint-Jacques[1] en vue.

Le cap Saint-Jacques ! C'est toujours une émotion sur un paquebot français. Pour beaucoup de passagers, fonctionnaires, ou parfois (rarement hélas !) colons, c'est le retour à la vie usuelle, une série de nouvelles à apprendre et, parmi les plus sensationnelles, les nouvelles de la politique métropolitaine. On ne peut s'imaginer combien cette politique, si peu attrayante sous notre ciel, intéresse encore aux antipodes de la Mère-Patrie. C'est qu'en arrivant

[1] Le cap Saint-Jacques, la plus haute terre de la côté cochinchinoise, à 149 mètres d'altitude au-dessus du niveau de la mer. Dans l'intérieur se remarquent du large les hauteurs de Baria et de Tay-Ninh, 493 mètres et 884 mètres.

à Saïgon nous tombons dans une des colonies de fonctionnaires, et à ces fonctionnaires, il importe beaucoup de savoir si l'ami tel ou tel est au pouvoir. Malheureusement ils ont raison ; le colonial de vrai mérite, allant peu en France, a bien des chances de se voir souvent supplanté par d'autres, qui savent solliciter à temps les faveurs de la Métropole.

Pour moi, le cap Saint-Jacques n'était pas indifférent, mais dans un tout autre ordre d'idées.

C'était un souvenir de deux ans. Je l'avais vu, ce cap, dominant fièrement l'entrée de la rivière de Saïgon, avec une émotion indicible : c'était alors mon premier retour en pays français après une première absence qui aurait pu durer l'éternité[1] !

Sur le pont, accoudés aux bastingages, nous regardions, mes amis[2] et moi, défiler devant nous les rochers abrupts du cap, puis la riante baie des cocotiers avec les jonques de pêche qui animent sa rade et ses cabines de bains qui lui donnent l'air d'un

[1] Le comte de Barthélemy, alors âgé de vingt-deux ans, accomplissait son premier voyage autour du monde, accompagné de son ami intime, Manuel Subervielle. Tous deux furent pris de la fièvre typhoïde à Fou-Tchéou (Chine). Le jeune comte eut la douleur de voir mourir son meilleur ami et fut considéré lui-même comme perdu durant plusieurs jours. C'est à ce premier retour que le voyageur fait allusion.

[2] MM. Paul et Jean de Neufville, M. Alfred Herbet et M. Alexandre de Neufville, qui, fatigué, se sépara plus tard des voyageurs à Kratié pour rentrer en France.

bain de mer à la mode mis dans un cadre exotique. De fait, l'observation est juste, car le sanatorium du cap devient de plus en plus à la mode, et un grand progrès sera accompli lorsque des moyens de communication plus fréquents que le vapeur bi-hebdomadaire qui fait le service, seront établis entre Saïgon et la baie des Cocotiers. Plus loin, nous entrons en rivière, les berges s'abaissent, nous voilà naviguant parmi les palétuviers rabougris; le paquebot manœuvre à grands coups de barre pour suivre les méandres du fleuve. Nous dominons des plaines de rizières où paraissent quelques cases annamites[1]. C'est dans ces vastes plaines, inondées périodiquement[2], que se trouve toute la richesse de la Cochinchine et ses 138.436.775 tonneaux de mouvement commercial, dont hélas! 33.829.762 appartiennent

[1] Habitation de l'Annamite, description prise dans l'ouvrage du R. P. Louvet : « L'Annamite habite ordinairement une case d'apparence misérable, élevée au milieu de son jardin. On fait un remblai en terre battue de 1 pied de haut dans lequel on enfonce des pieux ou des colonnes de bois ; on pose dessus une toiture en paille ou en feuilles de palmier d'eau. On enclôt le tout d'un traillis, ce qui dispense d'ouvrir des fenêtres ; l'air et le jour pénétrant de tous côtés. Telle est communément la maison, du moins dans la Cochinchine française. A mesure qu'on monte au nord, la nécessité de se garantir du froid oblige à élever des murs en terre battue, qu'on revêt, en quelques endroits, de chaux et au travers desquels on ménage de petites ouvertures pour y voir un peu. »

La maison ne coûte pas cher, l'Annamite a sous la main le bois et la paille; comme il n'y entre pas un clou, la main-d'œuvre n'est pas compliquée et tout indigène sait faire sa maison.

[2] On connaît le régime des saisons en Cochinchine ; il suit exactement les changements de mousson. Sécheresse : de novembre à avril-mai; orages en juin; pluies : de juillet à la fin d'octobre.

au commerce européen étranger contre 26.178.119 seulement à la France[1].

A peine entrés en rivière, on aperçoit le clocher de Saïgon ; mais celui-ci, tantôt à bâbord, tantôt à tribord, semble fuir devant le navire ou jouer avec lui une partie de cache-cache que la nudité du pays environnant rend bien difficile.

On approche ; nous rencontrons, amarrés au bord de la rivière, les caboteurs de riz portant en majorité le pavillon allemand, le reste battant le pavillon anglais[2].

[1] Statistique 1896 *quinzaine coloniale*: du 10 août 1897.

[2] Voici le résultat de la statistique des navires entrés et sortis en rivière de Saïgon en 1896 :

ENTRÉS :

193	navires	français.........	270.297	tonneaux.
110	—	anglais..........	135.522	—
156	—	allemands.......	170.607	—
29	—	norwégiens......	25.374	—
2	—	américains......	2.681	—

SORTIS :

186	navires	français.........	255.847	tonneaux.
108	—	anglais..........	150.827	—
158	—	allemands.......	171.721	—
30	—	norwégiens......	25.174	—
1	—	suédois	685	—
1	—	hollandais.......	1.415	—
1	—	japonais.........	1.886	—
2	—	américains......	2.681	—

Dans les navires français, les Messageries maritimes représentent plus de la moitié ; les anglais et les allemands sont des caboteurs appartenant à de petites Compagnies locales ayant généralement leur siége à Shang-Haï.

Ce n'est que plus loin, en arrivant, que nous pouvons enfin saluer les trois couleurs à la poupe des Annexes des Messageries maritimes desservant la ligne du Tonkin.

Enfin, voici les boulevards qui se découvrent et les canonnières de l'Etat devant l'arsenal. La végétation est revenue autour de nous, l'appontement où se prépare à aborder notre paquebot est rempli de monde, d'un monde élégant, habillé de blanc, et devant nous est un joli kiosque entouré de végétation avec une coquette villa au fond d'un jardin, c'est l'agence des Messageries maritimes. Saïgon se présente bien comme une ville française, élégante et gaie ; la foule envahit le paquebot, on s'embrasse, on se serre les mains : nous ne connaissons personne : ce que nous avons de mieux à faire, c'est de chercher prosaïquement à nous loger.

Saïgon, dit Pétrus-Ky [1], est un mélange de deux mots chinois et annamites : Saï (chinois) qui veut dire bois, et Gôn (annamite) qui est le nom de la ouate ou du ouatier. Le nom de la ville vient donc de la quantité de cotonniers que les Cambodgiens plantaient tout autour de leurs anciennes fortifications en terre et dont les traces restent encore près de la pagode de Cay-May et aux environs.

Le même auteur ajoute : Saïgon, avant Gialony,

[1] Dont il sera parlé plus loin.

n'était qu'un simple village cambodgien ; à la conquête française il était peu de chose.

Voici la description que nous en donne le Dr Candé : « La capitale de notre colonie n'était qu'un ensemble de huttes bâties sur pilotis, communiquant entre elles au moyen de perches de bambous accouplées et formant des agglomérations plus ou moins considérables sur le bord de nombreux arroyos fangeux. »

Telle était, il y a trente ans, la coquette ville européenne que nous traversions, en quête de logement, et cependant, on ne sait pourquoi, dans une ville si bien tenue, un quartier a été oublié qui rappelle l'ancien Saïgon. Pourquoi, près des Messageries maritimest y a-t-il un cloaque marécageux, dont la vue a souvent effrayé les premiers arrivants? Mystère et Administration !

Traversant le large boulevard Charner[1], nous nous rendons à la rue Catinat, la rue centrale. C'est là que nous trouverons à nous loger, sans doute. Mes amis partent chacun de leur côté, on ne trouve rien : trois paquebots sont arrivés ; il n'y a plus de logements en ville ! Cet accident est fréquent en voyage, et souvent condamne les voyageurs à un grand inconfort. J'errais dans la rue avec la triste conviction de passer la nuit sur quelque table de café, quand je m'entendis interpeller en langue

[1] Nom d'un des gouverneurs.

PALAIS DU GOUVERNEUR. — SAÏGON.

bizarre : « Y en a monsieur vouloir boy, moi bon boy. » — C'était une révélation ! Regardant mon interlocuteur en face : « Si tu me trouves une chambre pour ce soir et d'autres chambres pour mes amis, je t'engage. » — Une demi-heure après, j'étais en possession de deux chambres sortables et j'étais nanti d'un boy annamite ! Ce n'est pas sans quelque inquiétude que je regardais mon nouveau serviteur ; la façon dont je l'avais engagé était un

GOUVERNEURS MILITAIRES :

Vice-amiral Rigaud de Genouilly.	sept. 1858	Commandant en chef.
Capit. de frégate Jauréguiberry.	mars 1859	Commandt particulier
— —	1er avril 1860	de Saïgon.
Contre-amiral Page	1er nov. 1859	Commandant en chef.
Capitaine de vaisseau d'Ariès...	1er nov. 1859	Gouverneur de Saïgon.
Vice-amiral Charner	7 fév. 1861	Commandant en chef.
Contre-amiral Bouard	29 nov. 1861	Premier gouverneur.
Contre-amiral de La Grandière..	1er mai 1863	Intérimaire.
Contre-amiral de La Grandière..	16 oct. 1863	-
Contre-amiral Roze	1er avril 1865	—
Contre-amiral de La Grandière..	20 nov. 1865	—
Contre-amiral Ohier	5 avril 1868	—
Général de brigade Faron.......	déc. 1869	—
C.-amiral de Cornulier-Lucinière.	8 janv. 1870	—
Général de brigade d'Arbaud....	4 mars 1872	—
Contre-amiral Dupré	16 déc. 1872	—
Contre-amiral Kranz	14 mars 1874	—
Contre-amiral baron Duperré...	1er oct. 1874	—
Général de brigade Bossaut.....	1er fév. 1876	—
Contre-amiral baron Duperré...	7 juil. 1876	—
Contre-amiral Lafont...........	16 oct. 1877	—

GOUVERNEURS CIVILS :

M. Le Myre de Vilers..........	7 juil. 1879	Gouverneur.
Général de brigade de Trentinian.	4 mars 1881	Intérimaire.
M. Le Myre de Vilers..........	1er nov. 1881	Gouverneur.
M. Thomson....................	12 janv. 1883	—

peu légère, mais, en voyage, il faut être fataliste : l'essentiel est de dormir cette nuit, c'est ce que nous nous disions en nous préparant à combattre, par un sommeil de plomb, les piqûres des nombreux moustiques qui voltigeaient autour de nos têtes.

Ainsi s'exécuta l'arrivée de nos cinq personnes dans la capitale de la Cochinchine, le 17 janvier.

17 *janvier.*

Dès le lendemain, traversant les larges rues de la ville, nous ne pouvions nous empêcher de remarquer, comme bien d'autres avant nous, l'Hôtel des Postes, la Cathédrale, le Palais de Justice et les Palais du gouverneur et du lieutenant-gouverneur. Mais ce qui plaît le plus à Saïgon est, sans contredit, une visite au jardin zoologique et botanique. Là, le voyageur qui débarque peut se rendre compte de ce qu'il verra plus loin, dans les forêts, et le colon qui veut étudier voit ce que l'on peut faire pousser sur les terrains cochinchinois. L'instinct artistique du Français s'est révélé, au plus haut degré, dans ce jardin d'essai; les routes, bien coupées, permettent aux voitures d'y circuler, et il est vraiment cocasse de voir passer, au grand trot de leurs petits chevaux annamites, les équipages de quelques élégantes, à l'instar de Paris. Elles circulent sous les palmiers des voyageurs, frôlant mille arbres aux verdures exotiques, sans être effrayées le moins du monde des rugissements des fauves qui sont là, enfermés entre de bons barreaux. Curieuse existence que celle des habitants de Saïgon, qui mènent la vie élégante de Paris sous un ciel si différent. A côté des divertissements, il faut aussi considérer le côté sérieux du jardin. Là plusieurs importants essais ont été faits, et le colon peut trouver, auprès du directeur, une foule de renseignements utiles qui peuvent lui éviter bien des écoles. Le sportsman et le naturaliste n'ont pas été oubliés, et, en visitant les cages des animaux et spécialement la magnifique volière, ils peuvent se donner une première idée assez exacte de la faune indo-chinoise.

Une soirée au théâtre termina nos débuts en Indo-Chine. Périodiquement, pendant la belle saison, Saïgon a son théâtre; ce petit détail est bien appréciable pour ceux qui doivent rester dans le pays. Le Français aime les arts, et ce serait lui faire sentir durement son exil que de l'en priver. Les Saïgonnais l'ont bien compris, et la riche Cochinchine offre actuellement à ses habitants un superbe monument qui promet d'être un nouvel ornement à la ville. Saïgon a décidément été bien nommé le « Paris de l'Extrême-Orient », et, ne serait son climat débilitant, la ville constituerait un des plus agréables séjours de ce côté du monde.

18 *janvier*, Cholen.

Saïgon a ses promenades aux environs, et c'est là que se trouve la partie réellement commerçante de la ville. Si l'on suit les quais, on ne tarde pas à rencontrer la voie ferrée d'un Decauville, c'est le tramway qui rejoint Saïgon à Cholen. On peut aussi faire le trajet en voiture, et c'est ce dernier moyen de transport que nous adoptâmes.

En se rendant à Cholen, on traverse la vaste plaine des tombeaux : c'est là que les Annamites enterrent leurs morts. Bien que le culte des ancêtres soit très répandu chez eux, comme chez les Chinois, ils dispersent moins leurs sépultures et ont quelques nécropoles. Leurs tombes, plus élevées, se composent, la plupart du temps, d'une simple petite voûte montée sur un piédestal. C'est à Cholen que se sont agglomérés les indigènes, et notamment la population[1] chinoise; c'est là aussi le centre industriel et commercial de Saïgon. Les usines à décor-

[1] Le culte rendu aux ancêtres est la base même du confucianisme, religion des Annamites et des Chinois. L'esprit de famille, par suite, est très développé chez l'Annamite, et c'est un des caractères ethniques les plus frappants de cette race.

On sait que Confucius, ayant préconisé le respect de la famille, des disciples le placèrent au-dessus de tout et firent du culte des ancêtres une véritable religion entichée de superstitions. C'est d'ailleurs une tendance naturelle à tous les peuples. M de Milloué, dans sa conférence du 8 février 1898, a cependant fait remarquer que, seuls, les Israélites ne connaissaient pas ce culte.

tiquer le riz, quelques sucreries, et nombre de maisons de commerce qui ne sont pas, hélas ! toutes françaises, ont fait de Cholen leur centre d'opérations[1]. L'activité est grande dans le faubourg de Saïgon, et cela change de la vie calme des paisibles fonctionnaires que l'on ne voit circuler dans les rues qu'à partir de cinq heures, se rendant en voiture au « tour de l'Inspection »[2]. Le commerce du riz tient naturellement la plus grande place dans les opérations de Cholen ; le commerce de cette denrée est très rémunérateur, et, si nous savions, comme les Allemands, nous constituer en petites Sociétés, bien des Français y pourraient trouver de meilleurs placements que le 3 0/0, dont nous semblons nous contenter.

Formés en petits groupes, les Allemands se

[1] Mouvement commercial de la Cochinchine en 1894 : 120 millions

Importations. — Métaux, outils, *vins*, *spiritueux*, papier, tabac sucre raffiné, ciment, porcelaines, *faïence*, poteries, huiles, farines, *articles de Paris* (venant souvent d'Allemagne), meubles, *carosserie*, *conserves alimentaires* et *salaisons venant de France*.

Thés, médecines chinoises, opium, tissus anglais et allemands, de l'étranger (partie la plus importante des importations).

Exportation. — **Riz, poisson sec et salé**, colle de poisson, légumes secs, peaux, soies, cotons (deux sortes de cotons, celui de l'arbre cotonnier, *Bombax Malabarium*, et celui de la plante, *Gossijium Herbaceum*), *poivre*, huiles, *noix d'arec*, cocos, indigo, **plumes**, cire et miel, corne de cerf, sel, bois de teinture, d'ébénisterie, de construction, chinoiseries et incrustations, gomme-gutte, écailles de tortues.

Industries locales (produits d'). — Fabrication du nuoc-mam, de l'eau-de-vie de riz (choum-choum) de l'huile de coco.

[2] Promenade du jardin public.

réunissent à dix, douze, quinze, quelquefois vingt, pour l'achat et l'entretien d'un caboteur de riz; l'un d'eux est délégué en Extrême-Orient pour les opérations commerciales et on les a vu souvent bien vendre leur navire après plusieurs années, ayant eu 15 et 20 0/0 de leur argent. L'entente est généralement parfaite entre les membres de ces sociétés, car toute confiance est donnée au délégué envoyé là-bas. Si nous tentions en France quelques affaires de ce genre, avec le bénéfice de la prime de navigation, nous trouverions un gain facile, en faisant œuvre utile au commerce de notre pays[1]. Quand on passe à Cholen, on ne peut manquer de rendre visite au riche et bien connu Phû de la ville. C'est d'ailleurs ce que nous fîmes, accompagnés de quelques Saïgonnais de ses amis. Le doc Phû nous reçut à merveille. C'est un Annamite d'une cinquantaine d'années, à la figure intelligente; il porte presque toujours le costume européen et n'a pas hésité à donner à ses fils une éducation française. On sait que l'un d'eux est officier dans la Légion étrangère en Algérie, tandis que l'autre termine ses études à Paris. Son habitation est un curieux mélange d'européen et d'asiatique. La cour

[1] Une réforme à la loi existante vient d'être votée, facilitant l'obtention de cette prime aux colonies; les conditions d'armement ayant été très adoucies, il devient très simple d'arriver à naviguer d'une façon rénumératrice avec un fret ordinaire.

intérieure, à la chinoise, est entourée de salles annamites dont un salon, celui du fond, est remarquable. En face de ce salon, est la villa européenne. L'autel domestique, dans le salon annamite, est une merveille de ce travail bien connu, l'incrustation de nacre. Des colonnes en bois de teck soutiennent la toiture élégante de la salle et, sur une table de bois précieux, sont déposées des bouteilles d'absinthe, d'amer Picon et autres produits français. Le Phû aime à offrir à ses hôtes leurs consommations de prédilection, et lui-même sait apprécier les liqueurs de notre pays. S'il fallait décrire toutes les richesses de ce superbe intérieur annamite, on couvrirait de nombreuses pages. Je me contenterai de narrer le déjeuner que nous fit faire notre aimable hôte. Généralement, le Phû de Cholen fait servir chez lui à la française, mais nous tenions à goûter quelques plats annamites qu'il avait complétés par des plats chinois. Notre hôte présidait la table, nous enseignant gaiement l'usage des bâtonnets pour prendre notre nourriture dans les tasses diverses qui nous étaient servies. Le menu était ainsi composé :

POTAGE NIDS D'HIRONDELLES

POISSON A L'ANNAMITE (*Ecuelles de riz*)
(Ce poisson était assaisonné au nuoc-mam [1])

[1] La fabrication du nuoc-mam, si apprécié en pays annamite, a quelque chose de répugnant, et cependant ce condiment n'est pas

PORC A L'ANNAMITE (*Autre sauce nuoc-mam*)

VERS PALMISTES GRILLÉS

CHOUCROUTE DE PORC A L'EUROPÉENNE

OMELETTE AU FROMAGE A L'EUROPÉENNE

DESSERT

LEITCHIS, MANGUES, PETITS LEITCHIS ANNAMITES, GINGEMBRE ET AUTRES FRUITS DU PAYS

A tous ces plats s'accommode facilement notre goût européen; un seul nous inquiétait vivement, c'étaient les vers palmistes. Mais nous savions qu'un tel plat est très recherché; il est difficile de se procurer ces animaux. Pour les avoir, on doit abattre un palmier et tirer de son sommet l'unique ver qui l'habite. L'arbre meurt de l'opération, et l'on conçoit que, pour une pauvre grillade, la dépense est royale. Aussi dûmes-nous goûter à ce plat d'un nouveau genre. Très analogue au goût de la salade de chou palmiste, le ver est beaucoup plus fin et nous n'hésitâmes pas à déclarer que c'était là un manger fort agréable et digne de fins gourmets.

L'essai d'une pipe d'opium réussit moins à mes

désagréable : « Le poisson est tassé avec du sel dans un grand « cuvier en bois et abandonné pendant deux mois à la putréfac« tion. Il se forme une masse pâteuse exhalant une odeur infecte « et au milieu de laquelle pullulent des vers blancs; puis le liquide « se sépare, offrant l'aspect de l'huile de poisson mal épurée. On « recueille ce liquide au moyen d'une ouverture percée latérale» ment au fond du cuvier, on le fait boullir, puis on le laisse « déposer dans des vases de terre cuite. » (A. CORSE, n° 6, p. 401).

compagnons après le dîner et plusieurs d'entre nous ne purent suivre l'excellent Phû, qui nous entraîna pour visiter sa villa européenne. Un grand salon de réception forme le centre de l'habitation. Au milieu de ce salon est un meuble supportant une paire de défenses d'éléphant de toute beauté. Des vitrines à l'européenne font le tour, remplies d'objets en jade et autres bibelots de grande valeur. Nous ne pûmes cependant nous empêcher de sourire à la vue des rideaux et tentures, dont la prétention était d'imiter la dernière mode parisienne. Mais il ne faut pas être trop sévère et Paris est bien loin de Saïgon.

En sortant, nous dûmes admirer une collection d'animaux en porcelaine posés sur un rocher au milieu duquel coulait un petit jet d'eau : c'est un des ornements du jardin avec quelques arbres minuscules préparés au Japon. Le Phû prenait plaisir à nous montrer ses installations, et nous le quittâmes fort tard, après l'avoir chaleureusement remercié.

Venus par une route, nous rentrâmes par l'autre côté, traversant les chrétientés avec les jardins maraîchers des chrétiens installés aux environs de Saïgon. Ce sont les missionnaires qui, les premiers, ont habitué les Annamites à cultiver les légumes européens ; actuellement, avec l'extension de Saïgon, cette culture est devenue pour eux une véritable industrie très lucrative. Une gaie soirée dans le monde saïgonnais où l'on s'amuse a terminé notre journée. Décidément on sait vivre dans la capitale de la Cochinchine.

19 *janvier*.

Saïgon. La ville militaire. Un pélerinage au tombeau de l'évêque d'Adran.

On ne peut, dans une visite à la ville de Saïgon, passer sous silence l'arsenal et les quartiers militaires. Ces derniers sont fort bien installés et très aérés : précautions nécessaires, car bien de nos jeunes soldats supportent difficilement le manque d'hiver et la température toujours très dure de la Cochinchine[1]. Peut-être eût-on mieux fait d'installer le gros des casernes du côté du cap Saint-Jacques, dans des parties plus saines et soumises à l'air de la mer.

Mais ce serait lutter contre un penchant national essentiel au Français, la manie de s'agglomérer sur un point unique et près les uns des autres.

L'arsenal de Saïgon est le seul endroit, dans notre colonie, avec les ateliers d'Haï-Phong[2], où un navire

[1] La question de l'eau a été fort bien résolue là-bas. Grâce aux merveilleuses citernes et à la surveillance, au point de vue sanitaire, des eaux distribuées largement dans la ville, le choléra a presque disparu à Saïgon, et la mortalité a bien diminué dans nos casernes, où la fièvre typhoïde faisait de nombreuses victimes.

[2] Porcher (constructeur) et les ateliers de l'État.

SAÏGON. — GRANDE'RUE.

puisse réparer quelques avaries. Il y a à l'arsenal, une cale sèche suffisante pour un gros navire et quelques travaux délicats peuvent y être faits. Il faut espérer qu'avec le développement des affaires ces ateliers se perfectionneront.

Une promenade en plein air était indiquée pour terminer la journée ; aussi l'idée nous vint-elle d'une visite au tombeau de l'évêque d'Adran[1]. Sous une végétation puissante, dans un coin écarté des environs de la ville, s'élève, simple et imposante au milieu de celles de plusieurs autres missionnaires, la tombe de ce prélat qui avait su si bien allier ses devoirs religieux avec les intérêts de sa patrie. Le meilleur éloge qui puisse en être fait est d'ailleurs de citer le passage du livre du Dr Baurac : « *La Cochinchine* » : « Le tombeau de l'évêque « d'Adran, dit-il, dans sa si exacte description de « Saïgon, a traversé les persécutions, protégé par le « souvenir du grand évêque de cette religion de la « mort, qui est une des vertus du peuple annamite. « Depuis l'occupation, la France a voulu que la « tombe du plus illustre et du plus dévoué de ses « enfants fût élevée à la dignité de monument natio- « nal. C'est auprès de ces restes précieux que

[1] Mgr Pigneaux de Béhaine fut le deuxième vicaire apostolique de la Cochinchine. Dès le XVIe siècle, le christianisme avait été prêché en Cochinchine par de hardis missionnaires : le dominicain Diego Adverte (1596), le jésuite italien, R. P. de Busoni (1615), le P. de Rhodes (1624), etc.

« reposent désormais, attendant l'éternelle résur-
« rection, les missionnaires français qui meurent
« à Saïgon, après avoir usé leur vie à ce qui fut la
« double œuvre de Mgr Pigneaux de Béhaine : le
« développement du christianisme et la grandeur
« de la France, deux choses qui seront indissoluble-
« ment unies ici[1]. »

J'ajouterai que les missionnaires ont suivi sa tradition et se sont montrés dignes de la belle tâche que leur laissait l'évêque d'Adran. Les villages chrétiens sont généralement riches, et les prêtres qui les dirigent ont souvent été bien utiles aux colons dans les débuts de leurs exploitations. Le reproche principal qu'on leur fait quelquefois est, dans certains cas, d'enchérir la main-d'œuvre autour d'eux. Il est souvent difficile d'allier les deux devoirs de Français et de pasteur. Le grand mérite de Mgr Pigneaux de Béhaine est d'avoir su placer immédiatement après Dieu les intérêts de sa patrie, sans abandonner ses ouailles.

[1] A la fin du traité de Versailles, conclu en 1787, grâce aux efforts de Mgr Pigneaux de Béhaine, notre position en Annam (règne de Gia-Lang) était telle qu'un historien anglais écrivait : « Sans la Révolution française, on ne sait trop quelles consé-« quences un pareil traité aurait pu avoir pour nos possessions « dans l'Inde et pour le commerce de notre compagnie avec la « Chine. » (PAULUS et BOUINAIS, t. I, p. 4.)

20 *janvier.*

Un tour dans la campagne saïgonnaise (Bien-Hoa).

Un de nos amis, installé depuis plusieurs années à Saïgon, nous avait fait une aimable proposition : une promenade en voiture jusqu'à Bien-Hoa[1]. Nous pourrions avoir de la sorte une idée de la campagne de Cochinchine et nous rendre compte de la richesse du pays. C'est ainsi que, de bon matin, nous quittâmes la ville au grand trot de deux petits chevaux annamites, à l'allure rapide. La route sort derrière le jardin botanique fort bien tracée ; elle présente devant nous son ruban rougeâtre, car le macadam est ici formé d'une pierre spéciale connue d'ailleurs, dans toute l'Indo-Chine, sous le nom de pierre de Bien-Hoa. A notre droite et à notre gauche, sous une belle végétation, sont cultivés quelques champs d'ananas ; mais bientôt on s'arrête, la rivière de

1 A ce propos rappelons que c'est à Bien-Hoa que se trouve l'inspection de Saïgon. Il y a en Cochinchine 21 arrondissements divisés en cantons et en communes. Le nombre de cantons varie de 2 à 21 ; le nombre de communes de 15 à 208 ; l'inspection de Bien-Hoa, arrondissement de Saïgon, comprend 18 cantons et 208 communes. Comme importance viennent ensuite l'arrondissement de Cholen (207 communes), Mytho (202), Tra-Vinh (200), etc. ; le plus petit arrondissement comprend 15 communes, c'est celui de Haticule, à 324 kilomètres de Saïgon, inspection du Bassac.

Les provinces de Goa-Ding, Mytho et Bien-Hoa furent cédées à la France par le traité de Saïgon (5 juin 1862), signé par l'amiral Bouard, Phang-Tang-Giang et Lam-Dug-Nghia.

Saïgon roule ses flots jaunes en travers de la route. Sa grande largeur en cet endroit rend difficile la construction d'un pont, aussi les voitures doivent-elles traverser sur un bac. Il n'est pas toujours facile d'embarquer les petits chevaux sur ce pont mouvant: ces animaux [1], qui paraissent minuscules au nouveau débarqué de France, sont doués d'une vivacité et d'une vigueur presqu'indomptables, et nous dûmes user de toutes les diplomaties pour obtenir de nos coursiers lilliputiens qu'ils voulûssent bien consentir à passer la rivière avec nous.

Enfin le bac est traversé et nous voici sous les aréquiers d'un village. Bientôt on s'arrête. C'est en cet endroit, nous dit notre ami, que le *high-life* saïgonnais vient faire des pique-nique. En effet, derrière des haies de verdure, est une gracieuse guinguette; près de ce restaurant improvisé, il y a une piscine d'eau limpide où viennent souvent, en joyeuse compagnie, se baigner quelques divas du théâtre. Malheureusement, de ce tableau charmant, nous ne vîmes qu'un cadre dont la grâce nous donna des regrets.

1 Un cheval annamite ne dépasse guère la taille de 1m,25. Quelques chevaux venus du Junnam ou de Birmanie arrivent jusqu'à 1m,40 et sont réputés comme très grands. Mais cette petite race de chevaux unit la vitesse à la résistance, et je ne sais si en l'agrandissant, on n'arrivera pas à lui faire perdre ses qualités natives.

Cette race est la seule qui vive bien à Saïgon et résiste au climat. On a essayé, mais vainement, d'introduire là-bas le cheval d'Australie.

Nous quittons, non sans un dernier regard, le joyeux endroit, l'esprit hanté des idylles charmantes dont il est le théâtre accoutumé. Comme pour nous rappeler à la réalité, autour de nous s'étendent des rizières à perte de vue, et quelques buffles, arrêtant la mastication de leur paille de riz, tendent vers nous leurs museaux stupides en reniflant bruyamment. Souvent ces peu sympathiques animaux, que notre odeur incommode sans doute, poussent la liberté jusqu'à poursuivre l'Européen ; je me rappelais en les regardant certaines familiarités d'un buffle chinois, dont je fus autrefois la victime et qui me valut un bain nauséabond dans une mare aux eaux équivoques.

— Husch !... c'est un cultivateur annamite, dans la boue jusqu'au genoux, qui encourage ainsi l'animal dont il a été parlé plus haut. Sa charrue rudimentaire retourne le fond de la rizière où il viendra bientôt planter régulièrement, par petites touffes, la future récolte. Alors le champ prendra l'aspect que nous voyons tout autour de nous, un marécage verdoyant[1].

[1] A ce propos, il est bon de se rendre compte des produits de la culture du riz en Cochinchine.

En 1883, Le P. Louvet comptait 15 millions de piculs de production annuelle (environ 50 piculs à l'hectare).

Le Dr Baurac compte une production bien plus considérable en 1894, puisque l'*exportation* s'élève, dit-il, de 8 à 10 millions de piculs.

Mais le Do-Nai est devant nous, de l'autre côté Bien-Hoa. Dominant un gracieux appartement, un grand drapeau français flotte au gré du vent nous indiquant l'endroit à atterrir pour nous rendre à l'Inspection[1]. M. C***, alors administrateur de Bien-Hoa, nous attendait à l'appontement. Avec l'empressement hospitalier et la franche cordialité que savent si bien posséder beaucoup de nos compatriotes aux colonies, il nous introduit dans sa demeure, nous pourrions presque dire palais, car les riches provinces de la Cochinchine ne refusent rien à leurs fonctionnaires, et leurs installations sont vraiment dignes d'en imposer à l'indigène, très sensible au luxe et à l'apparat.

Avant le déjeuner, M. C*** nous propose une visite à la ville. Bien-Hoa présente un intérêt spécial. C'est une ville d'industrie indigène et notre occupation ne lui a pas enlevé cette qualité, le Français luttant difficilement encore contre les habitudes prises des consommateurs cochinchinois et ne pouvant produire à aussi bon compte que les industriels indigènes.

Outre cette production, on sait que la Cochinchine produit encore l'arecquier, le bétel, le tabac, la canne à sucre, l'indigo, le coton, les arachides, *le poivre noir* (d'un beau rapport), l'huile de coco, le cacao et le café (deux plantations de Libéria). Il faut citer aussi : le maïs, l'igname, la patate, le chou, la citrouille, les haricots, la tomate, l'ananas, le chin-chou, l'arbre à thé, la pastèque, le manioc.

[1] Demeure d'un administrateur en Cochinchine.

Cependant une des distilleries que nous visitons est dirigée par un Français; celui-ci emploie les procédés du pays pour la distillation du riz et la fabrication du choum-choum (eau-de-vie de riz)[1].

Le mode de fabrication est très simple : il consiste à faire bouillir le riz au moyen d'un ferment que l'on fait venir de Chine et qui, sous le climat chaud de la Cochinchine, ne peut servir qu'une fois. Le riz ainsi préparé est distillé dans un alambic des plus primitifs, une cornue en terre avec un bec en bambou plongeant dans un récipient immergé dans l'eau pour la condensation.

Avec ce procédé, une partie du produit de la distillation est perdu, mais les machines ne coûtent rien, étant fabriquées à l'usine même par les ouvriers. Le riz employé est un riz à gros grains, assez rare et plus cher que le riz ordinaire.

Presque toutes les distilleries indigènes font aussi de l'alcool de canne à sucre; cette matière première est meilleur marché là-bas que le riz; par contre le produit en est moins apprécié. La colonie perçoit un droit de 50 0/0 sur l'alcool fabriqué.

Une industrie non moins importante de Bien-Hoa est celle du sucre indigène, qui n'est autre qu'une

[1] Le choum-choum, eau-de-vie de riz ou vin de riz, est très consommé en Extrême-Orient. On sait que les Japonais le boivent sous le nom de saké et qu'il existe au Japon des gourmets de saké comme nous avons des gourmets de vin.

cassonade assez impure, préférée[1] par les Annamites du peuple à notre sucre blanc. Les cannes à sucre du pays sont petites et malingres, mais pleines d'une sève très riche. Les indigènes emploient un système des plus simples pour la travailler.

Trois essieux de bois sont posés verticalement et se touchent à frottement dur. A celui du milieu est adaptée une barre de manège, un buffle met les essieux en marche : sous ce pressoir primitif il y a un réservoir garni de jarres pour recevoir le jus.

Les détritus des cannes écrasées servent à chauffer le four à bouillir la cassonade, qui se refroidit ensuite dans les jarres. Le produit obtenu est grisâtre et en poudre épaisse comme du ciment. On ne peut nier que ces deux industries sont encore à l'état bien rudimentaire, mais elles sont une indication pour nous de ce qu'il est possible de tenter dans le pays. Peut-être verrons-nous un jour s'établir à Bien-Hoa une sucrerie et une rhumerie où l'on distillera aussi le riz. Ce n'est pas à nous, voyageurs, à discuter cette question, qui demande à être étudiée mûrement par des industriels pratiques. En tous cas, on trouvera deux éléments essentiels à Bien-Hoa : la matière première et les ouvriers.

[1] Le bon marché du produit est la seule raison de cette préférence ; chez quelques hauts mandarins on consomme, aux jours des réceptions, du sucre blanc.

Le soleil de onze heures commençant à faire sentir sa chaleur, M. C*** nous propose de rentrer à l'Inspection, où nous attend un déjeuner mi-annamite, mi-européen. Parmi les plats, l'un des plus remarquables par son goût et son originalité est une omelette aux crevettes. Les crevettes sont écrasées et mélangées avec les œufs, et le goût de ce mets est fort agréable.

L'expression crevette n'est peut-être pas très juste pour la sorte de langoustin que l'on décore de ce nom en Cochinchine. Le bouquet des côtes de Bretagne, lorsqu'il a atteint une longueur de doigt, est considéré comme une belle pièce ; le bouquet d'Indo-Chine atteint les dimensions d'une grosse écrevisse, mais sa saveur m'a paru moins accentuée et moins agréable.

Après le repas, suivant la mode coloniale, notre hôte se retira pour l'heure de la sieste. De midi à quatre heures, le soleil est souvent très fatigant dans les contrées tropicales; la sieste est le moment où l'on reste chez soi. Les paresseux dorment, les gens actifs profitent de ce moment pour travailler à leur bureau ou écrire leurs lettres. Il faut être accoutumé à ces heures d'inactivité pour les supporter sans impatience et les voyageurs arrivant de France n'aiment généralement pas cette coutume. Cependant, après plusieurs années de colonies, le tempérament amolli demande ce repos et seules les natures essentiellement actives se départissent de cet usage. C'est l'activité du nouveau débarqué français qui faisait dire à un anglo-indien : « A cette heure « du jour on ne voit plus dans la rue que les Fran- « çais et les chiens. »

Ce ne fut donc qu'à quatre heures et demie que sonna pour nous l'heure d'une nouvelle excursion, et nous attendions celle-ci avec une impatience bien légitime. Deux voitures ont été attelées pour notre bande joyeuse par l'administrateur. La partie cultivée du pays nous étant connue, celui-ci nous propose une petite excursion pittoresque. Non loin de Bien-Hoa, le chemin est bordé de lentisques sauvages et de cactus rappelant la nature du Mexique ; une colline, placée comme un îlot au milieu de la plaine, s'élève, dominée par d'énormes rochers. On y monte par un chemin tortueux et assez malaisé. Mais, si le voyageur éprouve quelque difficulté à l'ascension, il est bien récompensé de ses peines par le pittoresque de la promenade. Nous cheminions sous des arbres énormes, aux troncs perdus dans une brousse épaisse ; des milliers de perruches vertes s'agitaient dans les cimes de ces géants. Caquetant et criant à qui mieux mieux, elles semblaient protester contre la curiosité sacrilège qui nous poussait à entrer dans une petite pagode placée au sommet de la hauteur. Cette dernière n'a cependant rien d'extraordinaire, et ses ruines indiquent combien peu l'Annamite a souci de sa religion. Chez lui, comme chez le Chinois, tout s'est résumé au culte des ancêtres, à l'entretien de cet autel domestique érigé aux mânes des parents morts [1].

Après un repos de quelques minutes sur les rochers, d'où nous embrassions du regard toute la plaine, nous descendons vers un village aperçu de la hauteur. C'est un village chinois dont les habitants sont tous ouvriers carriers [2]. L'activité est grande au village, car ceux qui ne travaillent pas vendent aux travailleurs des objets d'usage ou de l'eau-de-vie. Le Chinois hors de chez lui double d'activité ; pour lui, le temps est précieux, il lui faut gagner de l'argent. A ce point de vue, c'est un auxiliaire de colonisation très utile ; souvent il s'allie avec des femmes annamites, mais il est rare qu'il se fixe à vie dans la colonie.

Les métis d'Annamites et de Chinois sont généralement une intelligente main-d'œuvre ; ils héritent facilement des qualités physiques de leurs parents.

[1] Ce respect, d'ailleurs, s'étend aux parents vivants, et de nombreux traits de piété filiale sont cités dans l'histoire annamite, C'est cette vertu qui est la plus respectée là-bas : — Phan-Tan-Giang, dont l'âme élevée a été très appréciée même par nous, qui eûmes à le combattre, devint mandarin par un effort d'énergie remarquable, afin de soulager la peine de son père, en prison depuis plusieurs années.

[2] Pour l'extraction de la fameuse pierre de Bien-Hoa, dont on fait les macadams de route dans toute la Cochinchine.

Les opinions sur l'efficacité de la main-d'œuvre chinoise en Indo-Chine sont très partagées : ce qui est certain, c'est que l'Annamite et le Chinois ont entre eux de grandes rivalités et que trop de Célestes, en pays annamites pourrait donner lieu à des conflits regrettables.

Un groupe de Chinois doit être représenté par son chef de Congrégation [1] ; celui-ci est responsable vis-à-vis de l'Administration, de tout ce qui se passe dans le district dont il s'occupe. C'est là la seule manière de maintenir dans la légalité la colonie chinoise de la région [2].

[1] La Congrégation (ou bang) nomme un chef à l'élection. Celui-ci est chargé spécialement de certifier les actes authentiques et de régler leurs contestations ; de ce fait, lui incombe la responsabilité administrative dont il est parlé ici :

[2] Voici la proportion des différentes populations de la Cochinchine en 1894 :

Européens	Français	2.584
	Etrangers	272
Indiens	Sujets français	209
	Non français	609

Annamites	1.732.316	habitants.
Cambodgiens	146.718	—
Moïs	5.075	—
Chams	2.595	—
Chinois	55.876	—
Malais	3.230	—
Tagals	72	—
Autres	10.476	—
Total	1.960.032	—

N. B. — Le Dr Baurac, jugeant par ses tournées de vaccine, croit le chiffre de la population beaucoup plus élevé.

A la nuit tombante, nous rentrions à l'Inspection, et ce n'est que le soir que nous reprîmes la route de Saïgon. La voix de ces milliers de cris-cris, bien connue des voyageurs, nous accompagna jusqu'à la ville, où nous rentrâmes à minuit, enchantés de notre excursion.

12 *janvier*

Visite à une mission aux environs
et à une école de frères.

Entre Saïgon et Cholen est une importante mission catholique ; de riches villages l'entourent et la culture maraîchère y florit. Il était intéressant de se rendre compte des travaux accomplis par nos missionnaires et de leur influence sur les Annamites. Tous les voyageurs qui sont allés de Saïgon à Cholen sont passés en cet endroit remarquable par ses constructions européennes et une riche église bien construite, bien établie et toute neuve. C'est là que nous nous arrêtâmes.

Nous fûmes reçus on ne peut mieux par le Père directeur de la mission. Ce n'est certes pas près de ces grands centres coloniaux qu'il faut visiter le missionnaire. Là où la civilisation a triomphé, le métier de missionnaire n'est plus guère que celui de curé et de directeur d'école, c'est le cas de la mission de Cho-Quen. Mais, au prix de quels efforts ces braves prêtres sont-ils arrivés au résultat acquis aujourd'hui ! Mgr d'Adran n'était certes pas logé à l'européenne comme le directeur de Cho-Quen ; il n'avait à son service que sa parole persuasive et la royauté de sa diplomatie ; aujourd'hui tous les moyens de civilisation sont entre les mains des missionnaires.

L'église, cet élégant monument qui orne si bien les abords de la route, n'est autre que le fruit des libéralités des chrétiens de la mission enrichis par les jardins de leurs Pères. On peut voir, dans ce monument, la manifestation toute naturelle de la reconnaissance due aux missionnaires d'autrefois, qui, le front courbé sur la terre, ont appris à leurs ouailles la culture des légumes européens, leur préparant, outre le salut là-haut, la prospérité ici-bas.

Un peu plus loin, on a fondé un couvent de sœurs annamites. Rien de plus drôle que de voir circuler ces petites nonnes jeunes, toujours affairées. Les règles du couvent ne doivent pas être très sévères, car je fus autorisé à y pénétrer, accompagné du Père. Dans l'intérieur, les sœurs travaillent généralement à la couture ou s'exercent à chanter d'une petite voix peu harmonieuse quelques cantiques latins. Les sœurs annamites doivent renouveler leurs vœux tous les trois ans, et si, après une de ces périodes, elles désirent reprendre leur vie ordinaire, elles le peuvent parfaitement. Les novices portent, en général, le voile noir à l'extérieur; elles sont en cheveux à l'intérieur. L'une d'elles portait un voile blanc dans la salle où nous étions : je ne pus m'empêcher de faire part de ma remarque au bon Père, celui-ci sourit : « C'est, dit-il, une pénitente ; cette sœur devrait porter le voile noir comme les autres, mais elle ne le reprendra que dans quelques mois. » Je ne poussai pas l'indiscrétion jusqu'à demander pourquoi la petite sœur avait démérité.

Comme j'exprimais mon étonnement de cette règle humiliante : « Nous en sommes encore ici, « ajouta le Père, aux temps des premiers chré- « tiens ; la pénitence publique joue un grand rôle « chez nous. Les scandales apparents sont toujours « l'objet d'une manifestation de ce genre. Une « femme du village a-t-elle un enfant illégitime, « nous ne la recevons de nouveau à l'église que si « elle consent à s'humilier en public et à confesser « sa faute devant les autres chrétiens. Si elle agit « ainsi, elle est réhabilitée et reprend son rang « social vis-à-vis des autres chrétiens. » Comme je demandais la raison de cette manière de procéder, assez différente de nos idées actuelles ?

« N'est-il pas profondément philosophique, reprit- « il, de pardonner la faute après qu'elle a été répa- « rée. Si le scandale a été commis, nous en effaçons « le mauvais effet par une manifestation de repen-

« tir ; il serait profondément injuste de tenir encore
« rigueur à celui ou celle qui s'est repenti publique-
« ment. »

En y réfléchissant bien, le bon Père avait raison ; mais une telle manière de procéder nous choque, à la période de civilisation où nous sommes. Peut-être est-ce parce que nous nous sommes laissés envahir par un sot orgueil ; nos ancêtres, qui étaient des pieux, ne rougissaient pas d'avouer aux autres hommes leurs faiblesses.

Bien que les Pères aient une influence assez considérable, ils n'ont pu faire accepter aux Annamites le communisme qu'ils pratiquent si souvent dans les autres missions. L'esprit de propriété et de famille de ceux-ci les a fait s'agglomérer par groupes, centralisant leurs intérêts autour de la mission, mais restant indépendants. Aussitôt qu'une famille a pu mettre de côté quelque argent, elle se libère de ses dettes vis-à-vis de la mission et achète des terrains autour de celle-ci.

Entre l'église et le couvent est une école annamite, où sont instruits les jeunes chrétiens suivant les études du pays et où les Pères leur enseignent surtout le catéchisme et le français. C'est par l'éducation des enfants que les Pères comptent rapprocher la race annamite de la nôtre.

A force d'instruire des générations, nous disait le Père en nous mettant en voiture, nous arriverons peut-être à faire de cette race, si différente de la nôtre, de bons chrétiens et de vrais Français. Puisse ce rêve se réaliser, mais il faudra encore aux missionnaires de longues années et de pénibles efforts !

École des Frères.

Puisque j'en étais à visiter les auxiliaires religieux de notre colonisation, une visite aux écoles des Frères était indiquée. Fort aimablement, le missionnaire de Cho-Quen mit sa voiture à ma disposition et je rentrai en ville. Quelque temps après, la voiture stationnait devant l'établissement des Frères, vaste bâtiment à cour intérieure et de forme carrée. Au milieu de la cour, on a placé le buste de l'abbé de Guerlan, fondateur de l'école. En 1874, l'école était ouverte et, quelque temps après, l'abbé de Guerlan mourait, ayant usé sa fortune et sa vie à une œuvre aussi patriotique que moralisatrice.

Les Frères ont montré là l'immense utilité de leur éducation simple et pratique. Ils forment, dans leurs écoles, aussi bien les Français que les Annamites et les métis, et nous leur devons la plupart de nos interprètes, quelques commis de résidence, et de nombreux architectes et dessinateurs indigènes.

L'un des Frères s'était chargé de me montrer en détail l'établissement et de m'en faire apprécier les résultats. « On obtient, me dit-il, des Annamites, « une précision extraordinaire, et leurs aptitudes « sont spécialement portées sur le dessin. Leur « patience et leur scrupuleuse exactitude asiatique « permettent de leur demander beaucoup en fait de « plans et de cartographie. Malheureusement, s'ils « savent si bien reproduire ce qu'ils voient, ils « sont généralement de fâcheux inventeurs. Ainsi, « pour nos dessinateurs de machines, si on ne leur « montre pas très exactement la modification à « faire, ils composeront parfaitement le dessin « d'une machine incapable de marcher. C'est cette « lacune de l'esprit annamite qui lui rend néces- « saire l'aide de l'Européen, qu'il complète, d'ail- « leurs fort bien par l'attention qu'il porte à tout « ce qu'il fait. » A l'appui de son dire, le Frère m'a montré, à côté des plans faits entièrement par les Annamites, des plans faits par les élèves européens. En comparant ces deux travaux, on sent les différences qui séparent les caractères des deux races, l'une adroite et scrupuleusement méthodique, l'autre moins adroite, mais possédant un génie véritable et une imagination féconde qui l'écarte souvent de la méthode. Le bon Frère ne se trompait pas en disant que les deux races se complétaient parfaitement. Se servir de l'indigène, n'user de l'Européen que comme haute direction, là est l'idée dominante qui devrait inspirer pour gouverner en Indo-Chine. Espérons qu'un jour ce mode de gouvernement prévaudra et alors se réaliseront les fameuses économies, dont on parle tant et qu'on n'a pas encore su faire.

Entre les Français et les Annamites s'est formée la classe des métis. On a vu, dans certaines colonies, le métissage donner d'excellents résultats. Les mulâtres, m'ont dit souvent des Africains, sont la plupart du temps des gens travailleurs et capables d'hériter des qualités de la race européenne ainsi que de la force physique du nègre. Il n'en est pas de même des métis annamites. Trop intellectuelle, la race annamite, mêlée à la nôtre, produit une catégorie d'individus qu'on peut, sans crainte de tomber dans l'exagération, qualifier de dangereuse. Le métis, en Indo-Chine, fait un déclassé. Repoussé par l'Européen, qui ne l'admet pas comme un de ses pareils, il est profondément méprisé par l'Annamite par la simple cause qu'il n'a pas de famille. La femme annamite qui fréquente un Européen est généralement déconsidérée dans la société jaune ; les enfants, abandonnés par le père, qui rentre en France en leur laissant un petit pécule, ne savent souvent que devenir et, de cette situation, naît un personnage haineux des deux races qu'il coudoie, une classe d'individus à part qui, nombreux, pourrait devenir un fléau. En outre, l'éducation de ces métis est difficile. « Fiers, me dit le Frère, de « ce dont ils devraient rougir, ils joignent à leurs « mauvais instincts une lourdeur d'intelligence qui « paraît invraisemblable lorsqu'on connaît les « parents. » Cependant les Frères font leur possible pour élever et former ces jeunes gens. Ceux-ci, recueillis souvent très jeunes dans leur asile et élevés chrétiennement avec tous les soins possibles, réussissent rarement à remplir les emplois dont on les charge plus tard. L'orgueil et la paresse qui semblent chez eux des défauts naturels, ont vite raison de leur éducation. Les enfants qui fréquentent les écoles des Frères sont, pour les Français, des fils de colons ou de fonctionnaires, pour les métis, des enfants abandonnés à l'éducation desquels la colonie pourvoit ou des enfants confiés aux Frères par des pères retournant en France ou appelés par leur service dans d'autres colonies. Quant aux Annamites, presque tous sont des enfants inscrits à l'école par les soins de leurs familles. Les Frères ont à recueillir fort peu d'enfants abandonnés, car il faut que l'Annamite souffre réellement de la plus grande misère pour qu'on voie des familles se séparer d'un des siens.

Il a été fondé, depuis quelques années, des écoles laïques à Mytho et sur quelques points de la Cochinchine. Actuellement il est possible à tout

Annamite désirant apprendre le français et recevoir quelque instruction de trouver une éducation lui permettant de vivre ailleurs que dans sa rizière[1] ; à notre avis, le nombre des écoles est actuellement plus que suffisant ; il ne faut pas oublier que nous sommes encore, en Cochinchine, au régime du petit cultivateur, et que quelques bras retirés aux campagnes par les centres peuvent avoir un retentissement sur la situation économique du pays.

22 *janvier.*

Marché de Saïgon. Visite au fameux savant annamite Pétrus-Ky.

Afin d'occuper notre matinée, l'idée nous vint de faire un tour du côté du marché. N'est-ce pas la meilleure manière, pour des débutants, d'apprendre à savoir trouver leur vie dans l'intérieur et à composer leur expédition.

Curieux mélange d'Européen et d'Asiatique que ce coin de la ville de Saïgon. Si l'on arrive par les quais et le boulevard Charner, en longeant la voie

[1] Ecole de Cochinchine.
L'enseignement secondaire et l'enseignement primaire supérieur sont donnés au collège Chasseloup-Laubat, au collège de Mytho et au collège d'Adran. — Des écoles primaires sont établies à Mytho, Bentré, Bien-Hoa, Binhoa, Cholen, Soetrang, Sadec, Hatien, Bachgia, Longxuyen et Cantho. Il existe une école municipale fondée le 30 février 1868 par l'amiral de La Grandière et une école primaire à Saïgon. (Paulus et Bouinais, p. 212.)

du Decauville de Cholen, il semble, au premier abord, qu'on va visiter un marché de France. Les préaux élevés montés sur colonnes qui forment les bâtiments du marché rappellent bien ce que nous voyons chez nous, et les ombrelles noires des petites vendeuses annamites ressemblent beaucoup aux parapluies de nos marchandes. Accroupies derrière leur étalage, elles discutent leurs prix avec une gravité comique, sans s'émouvoir du voisinage de la foule qui se presse entre les haies de leur pacotille.

Des fruits du pays[1], mangues, papayes, pamplemousses, etc., nous sont présentés avec une certaine bonne grâce, mais ce n'est pas en un jour que nous pouvons expérimenter toutes ces richesses gastronomiques.

Quelle est donc cette odeur désagréable? Simplement une marchande qui, gracieusement, nous offre, dans ses mains longues et fines, un énorme douriau qu'elle vient de couper. Nous nous écartons avec horreur, mais nous ne tarderons pas à apprendre par l'expérience que, si l'écorce du douriau affecte désagréablement le nerf olfactif, ce fruit

[1] Les principaux arbres fruitiers de la Cochinchine sont : le cocotier, le grenadier, le citronnier, l'oranger, le bananier, le manguier, le jacquier, le caféier, le letchi, la vigne (ce dernier arbre produit trois fois dans une année, sous le climat de la Cochinchine ; malheureusement ses fructifications répétées le font mourir en peu de temps et les fruits en sont moins savoureux qu'en France), la jute et la vanille sont à l'état d'essais, mais la jute promet de beaux rendements.

est fort agréable lorsqu'on l'a débarrassé de ce rempart capable de faire reculer les plus braves.

Des noix d'arec, des chiques de bétel, du tabac, de la canne à sucre, de l'indigo, du coton vierge, des arachides de toutes sortes, du poivre, de l'huile de coco, tout cela nous passe sous les yeux sans que nous nous arrêtions longuement à considérer ces produits, qui commencent à être pour nous de vieilles connaissances.

Des étoffes de toutes sortes sont exposées, la plupart fabriquées dans le pays. Des bibelots européens et indigènes s'étalent dans leur piquante diversité chez les bric-à-brac. Ce sont des lots de rebut de l'Hôtel des ventes de la rue Catinat. Il y a de tout, même des objets hors d'usage ; c'est dans ce coin que circule spécialement le Chinois, visitant scrupuleusement, au travers de ses grosses lunettes rondes, les pièces intéressantes qu'il pourrait trouver à acheter.

L'animation est grande au marché de Saïgon, car nous approchons du Têt, la grande fête du jour de l'an annamite, et les indigènes se préparent à ce grand jour en achetant force lanternes et pétards. Mais voici onze heures ; il nous faut regagner notre hôtel, car nous comptons, l'après-midi, nous rendre chez le fameux lettré annamite Pétrus-Ky, l'historiographe de la Cochinchine.

Visite à Pétrus-Ky.

Pétrus-Ky est l'un des élèves annamites les plus distingués de l'école des missionnaires (des Missions étrangères). Il parle français couramment, sa conversation est celle d'un véritable érudit. Il a conservé, avec la religion de ses anciens maîtres, une grande reconnaissance pour eux; mais je lui ai entendu formuler contre eux un léger reproche qu'on ne peut s'empêcher de trouver bien fondé. On se plaît, aux écoles des Missions, à pousser davantage les études de latin que celles de français ; cette tendance était allée si loin que, dans les débuts de l'occupation, on ne trouvait guère que des interprètes latins[1]. Heureusement, la nécessité pour les indigènes de parler le français, afin de trouver des emplois, a fait disparaître l'étude du latin, peu pratique, au profit des langues vivantes.

[1] On raconte à ce propos, une histoire qui, si elle n'était navrante pour la victime, porterait à rire. Un brave matelot fut chargé par son commandant, lors de la première occupation, de pendre quatre rebelles. Au lieu de quatre « peaux-jaunes » notre mathurin en aperçoit cinq, échelonnés près de l'arbre du supplice. « Tiens ! dit-il, le commandant s'est trompé, il y en a un de plus. » Et, après avoir pendu les quatre premiers condamnés, il se met en devoir d'exécuter le cinquième. « Ego sum Petrus, Interpretus », s'écriait le malheureux en se défendant. « Ah ! je m'en vais t'en flanquer des « Interpretus » grogna le marin, en hissant le pauvre homme à côté de ses compatriotes. Quand le commandant revint, il était trop tard, et l'infortuné interprète avait payé de sa vie de ne parler, en fait de langues européennes, qu'une langue morte.

SAÏGON. — PAGODE CAMBODGIENNE.

Son éducation finie, le savant s'est mis à étudier avec soin l'histoire de son pays; aujourd'hui Pétrus-Ky connaît tous les dialectes de l'Indo-Chine et l'ethnographie du pays. Son opinion est absolue sur les indigènes autochtones, ce sont les sauvages Moys (ou Khâts de la chaîne annamitique). L'Annamite, ajoute-t-il, est venu du Thibet; cette race est mêlée de sang chinois et de sang malais. Ces derniers ont souvent été mêlés, dans les villages annamites, à la population, le plus souvent c'étaient des pêcheurs ou caboteurs, qui, portés à la côte par le courant et naufragés, renonçaient au retour par terre et demandaient asile aux agglomérations de la côte. Quant à la race cambodgienne, suivant l'opinion de notre érudit indigène, elle serait le résultat d'une immigration hindoue. On trouve des preuves de ces origines dans les ruines d'Augkor et dans la langue cambodgienne, où le sanscrit et le pali dominent. Les Pnoms (sauvages entre le Mékong et l'Annam) sont des Moys[1] autochtones.

La France, nous dit Pétrus-Ky, a une excellente influence sur l'éducation en Cochinchine. Il y a actuellement, outre les cours pratiques de langue française, une chaire de Chinois dont notre savant

[1] Le mot Moy est montagnard, en annamite. Le mot Penong ou Pnom est cambodgien. Les Penongs et les Moys sont la même race, mais ils changent de nom suivant qu'ils sont dans une région annamite ou cambodgienne.

interlocuteur est titulaire, et où il fait un cours raisonné de la langue et de l'écriture chinoises.

Tout Annamite aime à faire visiter son intérieur; aussi, nous n'oubliâmes pas de le lui demander. Moins riche que la maison du Phû de Cholen, la maison de Pétrus-Ky[1] n'en est pas moins curieuse. Un des nombreux bibelots qui remplissent cet intérieur asiatique attira notre attention spécialement: c'est une table en ébène à incrustations de nacre, travail essentiellement annamite; ces incrustations représentent l'occupation de l'Annam et du Tonkin par les Français. Au centre, sont représentés nos compatriotes au repos, prenant l'absinthe et gesticulant autour d'une table; un peu plus loin, un transport traverse les mers, amenant des fonctionnaires, une table avec un verre et une bouteille est préparée sur le pont du navire.

Autour de ces deux figures, les Français combattent, chassent les Chinois de Langson et battent les Annamites à Hué. Ce simple bibelot est une manifestation de l'esprit observateur de l'Annamite. N'ont-ils pas remarqué, tout d'abord, cette habitude typique que nous avons de nous reposer, en buvant lentement devant une table et discutant avec feu, des choses souvent indifférentes à chacun des interlocuteurs.

[1] Truong-Vinh-Ky, de son nom annamite. Petrus-Ky est le nom qui lui a été donné à son baptême par les Frères.

Entre autres bibelots, Pétrus-Ky possède encore des fusils datant de Louis XV et incrustés d'or par les Annamites, avec des dédicaces de mandarin à mandarin. Dupleix avait su établir un courant commercial entre l'Indo-Chine, les Indes, Madagascar et la Métropole. Ce rêve du grand colonisateur est repris de nos jours, puisse une politique intérieure calme, un gouvernement sage et moins préoccupé du triomphe des oppositions, permettre l'accomplissement de ce grand dessein.

Une collection de sabres d'honneur de mandarins annamites, est encore à remarquer dans le salon. Ces sabres ne portent pas de lunes sur la lame comme les sabres des autorités chinoises et plusieurs, par leur forme, indiquent des sabres européens ornés à leur façon par les indigènes.

Après avoir remercié notre hôte, nous allions prendre congé de lui, quand il nous retint un moment. C'était afin de nous offrir à chacun un exemplaire de son *Histoire d'Annam*, ouvrage fort intéressant et qui nous a été bien utile plus tard, pour étudier ce beau pays. « Un des plus « remarquables détails du caractère de Pétrus-Ky, « nous dit l'administrateur qui nous avait intro- « duits auprès du savant, M. M***, c'est sa modes- « tie. Comblé d'honneurs, décoré de la Légion « d'Honneur, d'Isabelle la Catholique, du Pape, « officier de l'Annam, du Cambodge et de plusieurs

« autres décorations extrême-orientales, il est resté « simple, accueillant et très dévoué à la cause euro- « péenne. Mais ce dont il est fier jusqu'à l'orgueil, « c'est de pouvoir dire qu'il est vingt-deux fois « grand-père et que tous ses enfants parlent « français. »

Bon chrétien, honnête père de famille, savant distingué, voilà un résultat des efforts des missionnaires et la reconnaissance qu'il a vouée à ses maîtres est la plus belle récompense qu'ils aient obtenue. Puisse l'excellent savant vivre encore longtemps, dans son calme village de Cho-Quen et être un encouragement pour les efforts colonisateurs de la mission ! Mais n'oubliez pas, braves Pères, que, pour faire des auxiliaires utiles à vos compatriotes, le premier échelon de votre éducation doit être l'étude du français. Gardez le latin pour les meilleurs de vos élèves, lorsqu'ils seront à même d'en apprécier les beautés littéraires.

23 *janvier*.

Le chemin de fer de Saïgon à Mytho.

Notre visite à la ville de Saïgon a été courte, et certes bien des études étaient encore à faire pour nous lorsque nous nous décidâmes à quitter la capitale de la Cochinchine ; mais notre but n'était pas de visiter les villes ; l'intérieur nous attirait, avec ses aventures, ses sites merveilleux et la belle vie libre qu'on y mène. C'est pourquoi, le 23 janvier, nous roulions dans un train spécial (coût : 65 dollards) sur la ligne de Saïgon à Mytho, afin de prendre là le paquebot des Messageries fluviales à destination de Pnom-Penh pour nous rendre de suite à Angkor. — Le chemin de fer de Saïgon à Mytho, construit grâce à l'initiative de M. Le Myre de Vilers, a eu pour but principal d'économiser sur le budget militaire de la Cochinchine. Grâce à ce rapide moyen de communication, on a évité la dissémination de l'armée dans les postes, souvent malsains, toujours coûteux. En quelque heures, une troupe partie de Saïgon peut être embarquée à Mytho, évitant douze heures de mer et une nuit fatiguante aux hommes. En cas de troubles sur les rives du Mékong, toute difficulté est donc aplanie. Au point de vue commercial, la ligne de Mytho a moins d'importance ; elle fait, en effet, double emploi avec le transport par mer, généralement préféré à cause de son bon marché. — Construite en remblai sur les champs de riz, cette ligne est un travail considérable. De nombreux ponts ont dû être jetés sur les canaux d'irrigation, ce qui a rendu son établissement coûteux. De là les nombreuses attaques de certains journaux locaux. Mais il ne faut pas oublier qu'il est de ces luxes qu'un pays riche comme la Cochinchine peut facilement se payer, et le chemin de fer de Mytho, par les économies qu'il a fait réaliser, mérite certainement d'être considéré comme un progrès. Pour le voyageur, c'est une charmante excursion dans un pays respirant la richesse agricole et offrant une série de points de vue pittoresques. L'arrivée à Mytho surtout est merveilleuse. La ligne suit quelque temps les bords du Mékong et l'aspect grandiose de cette magnifique artère fluviale n'est pas sans produire une belle impression.

Comme toutes les villes de la Cochinchine, Mytho est élégamment construite, de belles et larges rues la traversent, une superbe avenue ombragée d'arbres énormes permet de se promener sans être incommodé par les rayons du soleil, et c'est avec regret que nous vîmes arriver le paquebot des Messageries fluviales, qui devait nous emmener à Pnom-Penh.

Le Battambang jauge un millier de tonneaux, donnant une vitesse de 10 à 12 nœuds, de faible tirant d'eau. C'est cependant un navire de mer. Notre navire doit être d'un bien bel effet, naviguant ainsi sur les eaux jaunes du large fleuve asiatique. Le remous de son hélice fait envoler des centaines d'oiseaux, parmi lesquels se reconnaît, à son vol onctueux, l'aigrette[1], dont les plumes légères du cou

[1] *Ardea Heroduis.*

et de la queue sont l'ornement préféré des chapeaux de nos élégantes[1].

Mais voici Vinh-Long, une escale importante de la navigation entre Saïgon et Penom-Penh. Il est cinq heures du soir, le jour est encore assez clair ; le commandant nous donne une heure pour faire une visite rapide à la ville.

Une suite de charmantes villas européennes forme le poste de Vinh-Long, perdu dans ses cocotiers et entouré de riches rivières. Un poste de troupe assez important y est établi, et nous pouvions voir quelques soldats d'infanterie de marine, gais et bien portants, s'amuser sur un parterre à des exercices gymnastiques. Il est regrettable que beaucoup d'autres ne suivent l'exemple de ceux que nous avons vus. Malheureusement la majorité préfère le café, les conversations politiques ou les paroles vides de sens dans une atmosphère empestée de tabac. Ce régime, joint au climat débilitant du pays, ne tarde

[1] Les plumes d'aigrette ont une valeur commerciale considérable, et la chasse de ces oiseaux, ainsi que des jeunes marabouts, constitue une industrie très importante des basses provinces de la Cochinchine. On chasse ces oiseaux à l'époque où ils sortent du nid, et on en tue chaque année par milliers.

La capture de ces animaux est concédée à un fermier. Celui-ci attend que les parents soient partis en bandes vers les marécages pour y chercher la nourriture des petits. Alors des centaines d'hommes sont lancés dans les joncs où se cachent les nichées, et les pauvres animaux sont massacrés impitoyablement.

L'époque choisie est celle où les petits commencent à avoir des plumes et sont prêts à s'envoler.

pas à faire d'eux ces malheureux pâles et décharnés que l'on voit partir en congé de convalescence sur nos paquebots. Il serait bon de faciliter à nos soldats et de leur apprendrer à aimer les jeux et exercices de corps; la vie, dans un poste, est monotone et souvent la nostalgie a transformé en buveurs d'absinthe des jeunes gens très rangés. Amuser nos hommes, n'est pas abaisser leur moral et de grands enfants se battent mieux et plus efficacement que des philosophes de chambrée.

L'escale de Chan-Doc[1], passée de nuit, ne nous a guère laissé qu'un souvenir, celui d'un désagréable réveil appuyé de l'apparition de quelques moustiques, que l'immobilité du navire laissait arriver jusqu'à nous. Nous pouvions dire un « adieu » provisoire à la Cochinchine; car, dès le lendemain matin, nous devions être à Pnom-Penh.

CONSIDÉRATIONS GÉNÉRALES SUR LA COCHINCHINE[2]

Il me reste à compléter les quelques données rudimentaires que j'ai pu glisser dans ce chapitre sur

[1] En 1867, les trois provinces de l'ouest : Vinh-Long, Chandor et Ha-Tien furent occupées et annexées à celles de l'est au temps du vice-amiral de La Grandière. L'annexion de ces provinces fut réglée définitivement par un traité signé à Saïgon, le 15 mars 1874, par le contre-amiral Dupré, Le-Tuan et Nghyen-Tûong, ministres plénipotentiaires annamites.

[2] La Cochinchine a 385 kilomètres du N.-E. au S.-O. et 330 kilomètres de l'ouest à l'est: environ 50 à 60.000 kilomètres carrés.

la plus riche province de l'Indo-Chine française. — Ainsi qu'il a été dit au début, la Cochinchine est une colonie administrative. Nous nous trouvions, lors de la conquête, en face d'un pays organisé, mais dont les différents organes étaient viciés par de nombreux abus. Il s'agissait de réformer sans détruire, œuvre délicate et demandant de grandes connaissances administratives. L'administration militaire s'était servie de l'organisation indigène sans trop la changer ; mais, lorsque, le pays pacifié, il s'est agi de le mettre en valeur, il a bien fallu entrer plus avant dans les détails administratifs et mettre à la tête des provinces des professionnels. C'est pourquoi M. Le Myre de Vilers fut chargé, en 1879, de l'organisation d'un gouvernement civil. Sans entrer dans les détails, voici le résumé de l'œuvre du premier gouverneur civil de l'Indo-Chine française [1].

Pouvoir exécutif.

Le gouverneur a la disposition des forces de terre

La Cochinchine est, comme l'Egypte, un présent de son fleuve. Chaque année, les îles en formation s'accroissent d'une couche nouvelle de limon.

« Bientôt leur surface dépasse le niveau de la mer, les indigènes les entourent immédiatement de digues de terre pour arrêter la marée et y établissent des salines et des rivières. » (Bouinais et Paulus p. 39, t. I.)

[1] Je tire ces détails du très intéressant ouvrage de MM. Bouinais et Paulus : *Indo-Chine française contemporaine.*

et de mer ; il dirige l'administration. Près de lui siège un conseil privé composé de : 1° le directeur de l'Intérieur ; 2° le commandant supérieur des troupes ; 3° le commandant de la marine ; 4° le procureur général, le commissaire chef du service administratif. Un inspecteur des services administratifs et financiers est chargé du contrôle.

Pouvoir législatif.

La colonie est représentée en France par un député, la Cochinchine n'a pas de sénateur, et à Saïgon par un Conseil colonial composé de six membres citoyens ou naturalisés Français, six membres annamites choisis par un collège composé de délégués de chaque commune, de deux membres délégués par la Chambre de Commerce, de deux membres civils du Conseil privé. Le Conseil colonial statue en dernier ressort sur toutes les questions de travaux publics ; il vote le budget, les tarifs, taxes et contributions. Il délibère sur les emprunts à contracter, les droits de douane à établir, le mode d'assiette de l'impôt et les règles de perception, sur les frais de personnel et de matériel des services publics. Le Conseil colonial correspond avec le ministre par l'intermédiaire du gouverneur général et émet des vœux pour tout ce qui peut intéresser la colonie.

Voici, en quelques mots, les rouages de la haute administration cochinchinoise. On a vu dans la note page 19 les divisions administratives de ces différentes régions.

Certes l'œuvre de M. Le Myre de Vilers procède d'un travail sérieux et d'une grande connaissance administrative, et spécialement, la création du Conseil colonial est un appoint énorme pour la défense des intérêts de la colonie ; cependant il est frappant qu'un Conseil, chargé spécialement d'œuvres relatives à la prospérité économique du pays, soit représenté par une majorité de membres dont les intérêts personnels ne sont pas immédiatement attachés au développement du commerce et de l'industrie, les deux seules branches dont l'Européen puisse s'occuper en Cochinchine.

Que les intérêts agricoles très importants soient représentés par six membres annamites, cela se comprend et procède même d'une bonne organisation ; mais, à côté de l'intérêt de l'agriculture, et marchant parallèlement avec lui, est celui du commerce, qui permet l'exportation des produits agricoles et l'importation des machines et outils nécessaires aux travaux des champs. Nous ne voyons les intérêts de cet important facteur économique représenté que par deux membres, puis viennent s'ajouter six membres quelconques, et les deux membres du Conseil privé, ces derniers, purement administratifs. Il est certain que l'administration a beau jeu de s'emparer des six places accordées aux Français quelconques dans le Conseil, et il s'en suit que les vœux du Conseil colonial pourraient, dans certains cas, être l'écho des désirs du Gouvernement et non de ceux des commerçants, industriels et agriculteurs du pays. Il semblerait juste d'accorder plus de poids à la représentation de la Chambre de Commerce.

Sans nous poser en réformateur, je crois qu'il nous est permis de signaler cette petite lacune dans l'exécution de la très belle idée du Conseil colonial. Je ne parlerai pas de la question du recrutement des fonctionnaires ; on en a beaucoup parlé, quelquefois avec une certaine injustice. L'administration cochinchinoise est généralement bonne, bien que, comme toutes nos administrations, elle soit un peu nombreuse ; il serait temps de savoir mieux nous servir des indigènes. On se plaint beaucoup, en Cochinchine, du peu d'importance de nos transactions et spécialement du transport sous pavillon français ; on accuse beaucoup les droits de douane d'être la cause de cette pénurie d'armateurs. Cette question des droits est très délicate ; les plus grands économistes diffèrent d'opinion sur cette difficile affaire ; la nôtre importerait donc peu ; mais il faut compter et nous ne comptons pas assez avec les avis que peuvent donner les principaux intéressés. C'est pourquoi je me permets d'insister spécialement sur l'importance de la composition du Conseil colonial.

Telle qu'elle est, cependant, la Cochinchine est une des plus belles et plus riches parties de notre Indo-Chine française : les chiffres sont là pour le prouver. Mais tout n'est pas fini de ce côté, la Cochinchine, centre administratif, doit veiller avec soin à ses intérêts ; elle n'a pas, comme auront le Tonkin et l'Annam, l'activité et l'initiative privée des colons pour développer son commerce : c'est artificiellement, par des procédés de sage administration, que ce pays doit augmenter son chiffre, déjà très beau, de recettes. Là est bien son devoir, car nous voyons l'œuvre de la Cochinchine très belle : déjà elle a aidé le Tonkin, sa grande sœur du Nord, elle voit se développer près d'elle l'Annam. Espérons qu'elle saura comprendre son rôle de noyau fondateur de la colonie en sachant mettre, pour quelque temps, au-dessus de ses intérêts particuliers, l'intérêt général de notre bel empire indo-chinois.

CHAPITRE II

AU CAMBODGE[1]

24 janvier.

« Monsieur, y en a Lompengh[2]. » Tels furent les mots qui sonnèrent pour moi le réveil avec la perspective d'une petite figure jaune et osseuse, celle du fameux boy engagé à Saïgon. Nous marchions encore, mais les cases devenaient de plus en plus nombreuses sur les bords du fleuve. La nuit nous avait donc changé de région et de pays, car nous allions voir d'autres aspects et aussi d'autres habitants. Les seuls souvenirs emportés par nous de Cochinchine étaient nos deux boys, l'un fort et jeune gaillard, pour la race grêle des Annamites, il était de Hué; l'autre personnifiant réellement

[1] MM. Moura et Aymonier comptent à 100.000 kilomètres carrés la superficie du Cambodge; la population est, suivant eux, de 945.954 habitants, ce qui est, à notre avis, inférieur à la réalité.

[2] Pnom-Penh avec l'accent de la race annamite.

l'Annamite de Cochinchine, maigre, rapetissé et comme brûlé par le chaud soleil de Saïgon [1].

Les eaux avaient tellement baissé que nous aperçûmes Pnom-Penh perché sur une rive fort élevée, sans pouvoir, du fleuve, nous rendre compte de l'aspect de la ville. D'ailleurs, nous ne comptions pas visiter, cette fois-ci, les beautés de la capitale du Cambodge ; le temps nous pressait pour aller à Angkor ; aussi nous contentâmes-nous de transborder nos effets sur *le Bassac*, vapeur de rivière des Messageries fluviales, destiné à nous emmener par le Tonlé-Sap le plus près possible des ruines.

[1] Une des descriptions les plus exactes de l'Annamite de Cochinchine est, à mon avis, celle du Dr Baurac.

« Les Annamites, dit-il, appartiennent à cette variété de l'espèce « humaine que les anthropologistes désignent sous le nom de race « mongole. Ils en ont, d'ailleurs, les caractères physiques ; ils sont « de taille moyenne, ont les membres inférieurs bien constitués, « le bassin peu développé, le buste long et maigre, la poitrine un « peu en saillie, mais bien faite, la tête bien proportionnée, les « mains étroites et longues, les pieds bien faits, lorsqu'ils les « soignent, avec cette particularité que le pouce est très développé « et légèrement écarté des autres doigts, ce qui leur a valu, de « toute antiquité, le surnom de « Giao-Chi » (doigts bifurqués).

« Le teint des Annamites est cuivré, mais très différemment « nuancé selon leur rang et leur genre de travaux. Le front est « rond, les pommettes saillantes, les yeux noirs, légèrement bridés.

« Le nez est très large du haut, l'expression de la physionomie « est assez douce.

« Les Annamites se rasent la barbe jusqu'à l'âge de trente ans « environ.

« L'angle facial est plus ouvert chez la femme que chez l'homme ; « la taille moyenne des Annamites est de 1m,59 pour les hommes, « 1m,52 pour les femmes. Le poids moyen de l'homme est 55kg,6, « celui de la femme 44kg,7. »

Le Bassac est à fond plat, muni de deux hélices, il peut donner une marche de 10 à 11 nœuds, et ses aménagements sont confortables.

Après avoir acheté rapidement quelques provisions pour notre déplacement d'Angkor, nous ne tardions pas à déraper sur notre nouveau bateau et filions vers le Nno, sur les eaux de la rivière dite « Rivère du Lac », qui n'est autre que le déversoir du Tonlé-Sap.

Plus étroite que le Mékong, cette rivière est sillonnée de petites jonques, et ses rives sont très habitées. C'est qu'elle est, avec le lac, le coin le plus commerçant du Cambodge, on peut dire sans crainte, la source même de toute la richesse du pays. C'est par elle que vont se vendre sur les marchés de Pnom-Penh les quantités énormes de poissons pris dans les pêcheries du lac et qui, séchés, constituent un trafic important du pays avec tout l'Extrême-Orient[1].

La Rivière du Lac présente une particularité curieuse en raison du niveau relativement bas du Tonlé-Sap. Durant les six mois de saison sèche, elle coule vers le Mékong et la mer; mais, à la saison des pluies, quand les eaux du Mékong se sont élevées au-dessus de celles du lac, le courant s'éta-

[1] Le commerce du poisson séché passant par Pnom-Penh peut s'élever à 7 ou 8 millions de kilogrammes, vers la Cochinchine, la Chine et Singapour.

blit du grand fleuve vers l'intérieur et la rivière remonte en sens inverse de son cours primitif.

Sur la rive à droite et à gauche, circulaient quelques Cambodgiens. Leur type est essentiellement différent du type annamite. Nous avions en face de nous une race indo-européenne plus grande, plus forte, à la peau plus brune et portant un costume absolument différent de celui de la race jaune. C'est au Cambodge que nous aperçûmes les premiers sampots, cette pièce d'étoffe drapée autour des jambes en forme de culotte qui constitue la partie, essentielle et très caractéristique du costume de cette race. La tête nue, parfois couverte d'un foulard multicolore, cette population circule, plus calme, moins affairée que l'Annamite en Cochinchine[1].

[1] Voici la description du type cambodgien d'après le Dr Baurac: « Plus grand, plus élancé que l'Annamite, bien proportionné, « ses formes développées ne se dessinent pas à l'extérieur, n'a point « de saillies musculaires, pas de contours arrêtés. D'une couleur « jaunâtre, il présente quelquefois une teinte plus foncée, qu'il « emprunte sans doute à ses nombreux métissages. Cette teinte « varie avec les diverses parties du corps. Le Cambodgien est géné- « ralement vêtu : il ne travaille pas le torse nu comme l'Annamite « de l'intérieur. Néanmoins, il s'expose au soleil. Les parties « découvertes, le visage, la face dorsale, les mains et les jambes « sont plus foncées. Le crâne est allongé, ovoïdal, dolichocéphale, « les cheveux n'offrant pas une coloration bien franche ; châtains chez « l'enfant, ils deviennent rarement très noirs ; ils sont abondants et « serrés, tantôt plats, tantôt légèrement ondulés ; leur implantation « descend très bas sur les tempes et le front ; elle se fait chez les uns « suivant une ligne assez régulière, chez les autres par une série de « points qui donnent naissance à de petites touffes droites et dis-

Quelques bonzes, couverts de leur robe jaune, circulent dans les villages, la tête rasée, une épaule nue, très respectés, très nombreux dans tout le Cambodge. On les voit bien plus souvent dehors qu'en Annam.

Mais voici venir la nuit, et avec elle un brouillard épais, qui ne tarde pas à forcer *le Bassac* à stopper. Il ne serait pas prudent de s'aventurer sur le lac à moitié desséché sans y voir, car le régime des eaux est si variable que trop de précautions ne sauraient être apportées dans cette navigation. Dans la soirée, réunis autour du capitaine, un brave breton très

« gracieuses. Le système pileux est peu développé sur le reste du « corps : point ou peu de barbe qu'ils épilent ; quelques villosités « ornées de deux ou trois poils très longs et très soignés par celui « qui les possède.

« L'ensemble du visage est ovale, le front est plat ou bombé, « *fuyant sur les côtés ;* les bosses frontales peu développées, « *les sourcils légèrement arqués, fins et déliés*, les yeux obliques, « souvent même droits, *la paupière supérieure toujours baissée* sous « l'angle externe de l'œil ; *l'iris est foncé*, la sclérotique istérique, le « *nez épaté*, les *narines ouvertes*, la bouche moyenne, les dents « petites et déchaussées, *noires* et projetées en avant à la mâchoire « supérieure, *par l'usage continu du bétel.* Le menton est rond, « fuyant, les oreilles souvent un peu basses et trop écartées des « parois osseuses ; le cou est normal, les épaules horizontales et « larges, la *poitrine bombée*, *les pectoraux saillants*, *les bras forts*, « la main large et osseuse, les doigts longs, *les attaches grossières*, « contrairement à l'Annamite et au Chinois. La taille est bien prise, « le *buste court*, le *bassin normal*, les jambes droites, mais *courtes*, « le pied *large*, le gros orteil toujours dépassé par le deuxième doigt.

« Le Cambodgien est paresseux, ses mouvements sont lents, le « teint ne s'anime que rarement, mais il est dur à la fatigue et à « la douleur ; il craint le froid ; sa voix est grêle et d'un timbre guttu- « ral. »

estimé dans la colonie, nous écoutions des histoires du pays, et nous lui donnions en retour des nouvelles de ces chères côtes rocheuses, où la plupart d'entre nous avaient passé l'été.

Pauvre capitaine L***, il ne devait pas revoir les pittoresques rochers de la côte malouine! j'ai appris plus tard, à mon second voyage en Indo-Chine, qu'il avait fini par s'éteindre, exténué par une maladie d'estomac aiguë dont il souffrait déjà lors de notre visite à Angkor.

25 *janvier.*

Dès le matin, au point du jour, nous avions repris notre route et stoppions à l'extrémité du lac devant Siemréap. Un spectacle nouveau se présentait pour nous : la forêt inondée. Le régime des eaux, très irrégulier, apporte souvent l'eau dans des palétuviers, qui parfois, disparaissent complètement ; les arrosages forment alors de larges paysages entre les sommets des arbres. De cette curieuse forêt, nous vîmes sortir quatre pirogues dans lesquelles il nous fallut nous entasser, nous et notre bagage. Ces pirogues, conduites par des Cambodgiens à moitié nus, ne tardèrent pas à nous emmener au travers de la forêt. Il est facile de se rendre compte de la baisse des eaux d'après les herbes aquatiques arrêtées dans les branches des arbres. Cette navigation, au milieu d'une végétation aussi curieuse, est des plus typiques. Nous naviguions à la hauteur des premières branches de grands palétuviers, au sommet desquels étaient perchés des quantités d'oiseaux d'eau, depuis les grands hérons, les immenses marabouts, jusqu'à l'aigrette et le héron garde-bœufs. Au loin, vers le milieu du lac, se maintenant à une distance respectable du *Bassac* et de nos pirogues, on voyait pêcher des bandes de pélicans.

Bien qu'autour de nos têtes volât une gent ailée nombreuse et variée, nous ne pouvions cependant nous servir de nos fusils, serrés que nous étions les uns contre les autres et couchés sur l'amas de nos bagages.

Après deux heures d'une navigation difficile, peu confortable, nos pirogues échouaient à quelques mètres de la berge.

Portés par nos hommes, nous ne tardâmes pas à prendre terre, et notre premier mouvement fut pour saisir nos fusils.

Bientôt la gent emplumée fuyait avec des cris rauques, poursuivie par notre plomb. Des hérons cendrés et des aigrettes faisaient le plus clair de notre butin, peu appréciable pour la cuisine. Un grincement continu et agaçant se fit entendre, c'étaient des chars à bœufs qui venaient à nous. Le mandarin de Siemréap, prévenu, les avait envoyés pour notre transport. Nos bagages furent chargés sur des chars à buffles plus gros et plus lourds ; des petits bœufs à l'allure plus rapide devaient nous transporter nous-mêmes. Dans les routes de l'intérieur, véritables chemins de traverse, des voitures attelées de chevaux ne pourraient servir, mais les rustiques véhicules résistent à tous les chocs. Cependant, comme ils ne sont pas suspendus, ils constituent pour le voyageur un mode de locomotion qui n'a rien de bien réjouissant. Nous avions eu la précaution d'acheter à Pnom-Penh des matelas cambodgiens, indispensables compagnons pour un voyage dans l'intérieur. Ces matelas, étalés sur le char, permettent de supporter sans trop souffrir les terribles cahots auxquels on est exposé à tout instant. Le soir, ils servent de lit ; ces matelas constituèrent tout notre matériel de couchage à ce dernier voyage ; mais, outre le matelas cambodgien, il est bon de se prémunir d'un lit de camp ; on évite ainsi les visites d'insectes rampants, dont le contact est désagréable, parfois dangereux.

Nous suivions les bords du lac dans un terrain sablonneux couvert d'une maigre végétation ; il y a peu de jours, ces terres étaient couvertes par les eaux et de nombreuses mares restaient là, s'asséchant peu à peu sous l'action du soleil. Aussi l'aspect du pays change-t-il tous les jours, et quiconque ne pourrait pas se diriger à la boussole ou d'après les astres, risquerait beaucoup de se perdre. De grands marabouts, au plumage d'un rouge doré, s'envolaient à notre passage, tendant leur cou rose couvert d'un duvet blanc assez épais.

Après deux heures de route, à la tombée de la nuit, nous atteignîmes les bords de la Sé-Siemréap, dont nous suivions le cours depuis quelque temps. Des enfants siamois [1] nous attendaient avec des torches, et, ainsi éclairés, nous entrâmes dans la ville, ou plutôt dans le village.

Une grande paillotte est contruite à l'une des extrémités, non loin de la citadelle, c'est la sala, ou cabane destinée aux étrangers. Il n'y a pas de village siamois, cambodgien ou laotien qui n'ait sa sala, et tout étranger doit y recevoir l'hospitalité.

Après notre dîner, comme nous devisions gaiement, on nous annonça l'arrivée du gouverneur siamois. Solennel, vêtu de son sampot et d'une veste blanche à l'européenne, un casque blanc sur la tête, il passa, fier, devant ses administrés, qui s'accroupirent à son approche. On nous avait recommandé de lui apporter des cadeaux, en retour desquels le brave homme interdit à ses sujets de vendre quoi que ce soit aux Européens de passage. Nous connaissions à ce moment moins bien les cou-

[1] Les Siamois tiennent absolument du Cambodgien ou du Laotien. La race d'origine paraît être la même, et l'apparence est, d'ailleurs, en parfait accord avec la réalité.

tumes indo-chinoises, sans quoi nous n'eussions pas abaissé notre dignité d'Européens à lui faire nos cadeaux les premiers, ce qui est chez ces races, un signe de vassalité.

Après avoir fait boire quelques verres de champagne à notre nouvelle connaissance, nous le laissâmes partir, non sans une certaine joie, car, l'interprète étant occupé avec les officiers de marine nos compagnons, la conversation de notre côté était peu animée. Quelques minutes pour installer des moustiquaires sur nos matelas cambodgiens, et nous nous reposions des fatigues de la journée.

25 *janvier*.

Angkor-Watt.

A cinq heures du matin, nous levions le camp, car nos données n'étaient guère exactes sur la distance de Siemréap à Angkor-Watt. Après deux heures de marche en forêt, à un détour du chemin, nous débouchâmes sur un étang. Alors un spectacle merveilleux se présenta à nos yeux. Coupant l'étang en travers, une immense chaussée domine les eaux couvertes de nénuphars, pour disparaître dans un mur caché en partie par une épaisse végétation [1]. Des thâts élevés marquent l'emplacement

[1] C'est la chaussée dite des Eléphants, un des plus célèbres monuments des ruines d'Angkor (voir Reproduction d'Angkor au musée Guimet) (mission Aymonier).

ANGKOR. — LE MONUMENT CENTRAL : LE CLOÎTRE.

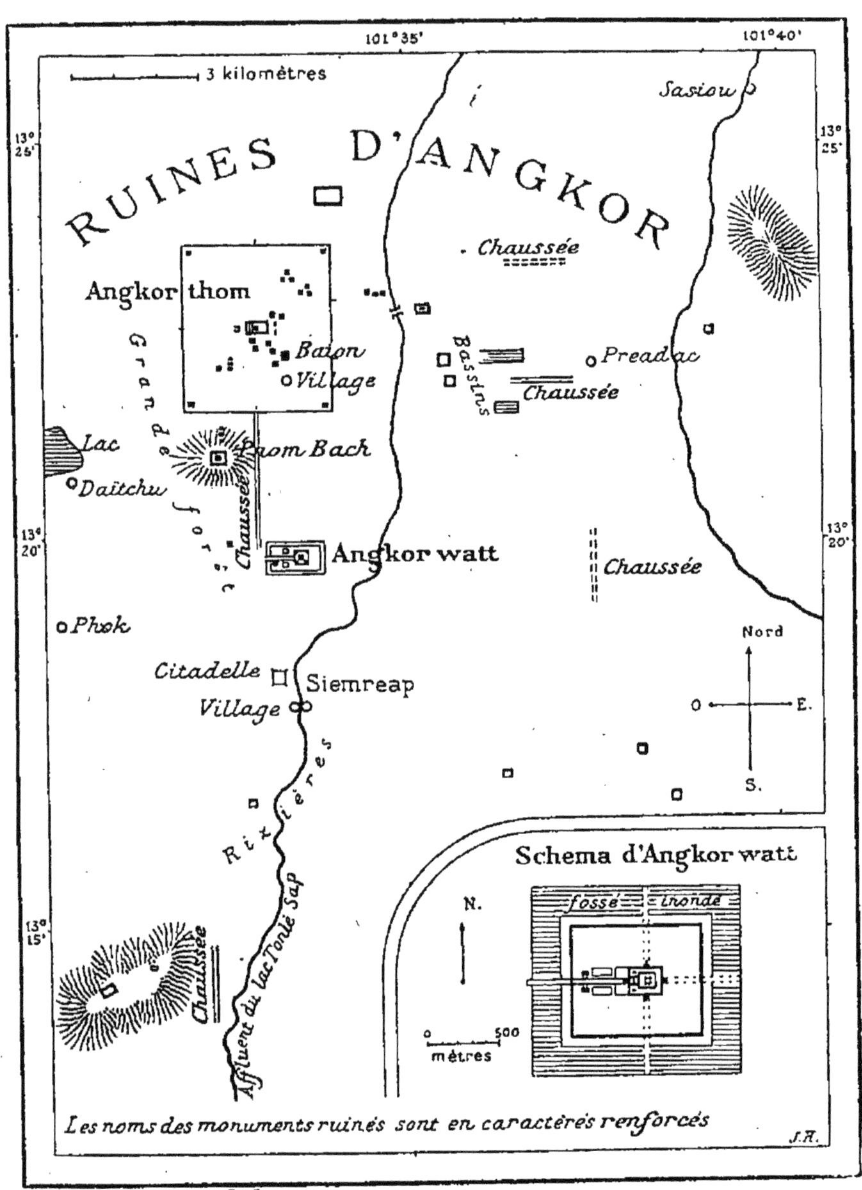

d'après Doudart de Lagrée

des portes, il semble qu'on se trouve à l'entrée d'une ville et que de cette ville doive sortir une population nombreuse. Mais tout reste silencieux, on sent que le souffle de la mort a passé sur ces monuments, qui semblent cependant abandonnés d'hier. Nos chars grinçant, cahotant, roulaient sur le passage dallé de la chaussée, puis nous franchissions une porte artistiquement sculptée, pour pénétrer dans l'intérieur d'un vaste rectangle formé par les murs d'enceinte, au fond duquel nous aperçûmes la pagode. Superbe, avec ses thât élancés à peine touchés par le temps, elle semble vouloir dominer et imposer encore sa civilisation à la sauvage forêt qui l'entoure. Mais la nature prend le dessus; des arbres ont poussé dans les plus belles pièces d'architecture, les murs croulent et la merveille disparaîtra bientôt si l'homme ne vient défendre son œuvre [1].

Un village de bonzes, avec une sala est placé devant le monument ; mais ceux-ci ne prennent guère soin de la ruine. Des cocotiers nombreux et bien venus entourent le village et bordent l'avenue centrale qui prolonge la chaussée des Eléphants. L'endroit est charmant, et nous étions heureux de nous y arrêter pour camper quelques jours.

Le reste de la journée pouvait être employé à

[1] Voici un shéma qui peut donner une idée de la disposition des monuments à Angkor-Watt.

nous promener dans les ruines, et il ne nous fallait point perdre de temps. Divisé en couloirs sur lesquels donnent des chambres de différentes grandeurs, le monument est un véritable dédale. A chaque couloir est adjoint un escalier, et, plus on s'enfonce vers l'intérieur, plus il faut monter, puis on arrive au thât central, qui domine tout. Au passage des voyageurs, des milliers de chauves-souris s'agitent en criant, empoisonnant l'air de leur odeur fétide. Dans une des chambres, au second corridor, à droite, étaient jetés pêle-mêle une énorme quantité de bouddhas, les uns en bronze, beaucoup en bois. Ceux-ci ne datent certes pas du temps Khmère, car les fourmis blanches les auraient déjà détruits [1].

Sur quelques colonnes restent encore des traces d'une couleur rouge brique. Ce devait être la peinture intérieure du bâtiment. Dans l'un des couloirs, des restes de bas-reliefs subsistent sur les murs, s'effritant peu à peu à l'humidité ; ils représentent la légende de la bataille des Singes [2], autant que nous le pouvons reconnaître. Près de là, certaines colonnades montrent des chapiteaux ornés de feuillages sculptés et rappellent nos monuments imités des Grecs ; plus loin, des colonnes droites font penser

[1] Je ne chercherai pas à décrire les ruines d'Angkor ; elles ont fait l'objet d'un trop beau chapitre dans l'ouvrage de Francis Garnier, et les travaux de M. Aymonier, ainsi que la réduction qui est au musée Guimet, en disent plus que je ne pourrais le faire.

[2] Ramaiana.

à l'art égyptien, mais l'Hindou domine partout. La journée s'était terminée rapidement, comme dans un rêve; il nous semblait avoir vécu des années passées. Nous aurions voulu voir un des antiques architectes du temple et le comparer à nos guides, car il paraît impossible que ces demi-sauvages aient pu construire de si belles choses, eux qui vivent aujourd'hui dans de primitives paillotes.

Au retour, nos boys nous annoncèrent qu'il ne fallait pas songer à avoir des œufs ou des poulets, il est interdit, par ordre supérieur, à tout habitant de fournir des vivres frais aux Européens. Ainsi procèdent nos voisins les Siamois vis-à-vis de nous. On supporte cela, on laisse les merveilles d'Angkor et la riche province de Siemréap[1] entre leurs mains, alors que, géographiquement et historiquement, ces pays appartiennent au Cambodge. Ils y règnent en maîtres, en tyrans, nous traitent en inférieurs, et tout récemment encore, nos canonnières forçaient les passes de Pako-Nam et entraient victorieuses à Bang-Kok. Puisse un jour le gouvernement métropolitain comprendre que non seulement les intérêts

[1] Outre une moitié du commerce de poisson séché que monopolisent les deux provinces d'Angkor et de Battambang, l'agriculture y est des plus florissantes En 1892, Battambang déclarait à la douane siamoise un passage de 80.000 piculs de riz, une grande quantité de coton, de poisson salé (d'une valeur supérieure au poisson séché), de poisson séché, de peaux, de cornes, de cardamones, de gommes, de cire, de plumes, d'ivoire, d'os d'éléphants et de cornes de rhinocéros.

de la France, mais sa dignité, sont engagés au Siam. Nous ne tardons que trop à faire respecter nos droits de ce côté.

27 *janvier*

Angkor-Thom.

Au sortir d'Angkor-Watt, si l'on prend le chemin qui croise la chaussée des Eléphants en se dirigeant vers le nord, on parvient vers Angkor-Thom. — Angkor-Thom est distant d'une heure et demie environ d'Angkor-Watt. La route pour s'y rendre est tortueuse. A mi-chemin on rencontre une petite montagne, le Pnom-Bach, élevé d'environ 200 mètres. Devant nous, dans les grands arbres de la forêt, gambadent des bandes de singes de plusieurs espèces, qui semblent se complaire sur les flancs de la colline.

Si on monte au sommet, on trouve une vaste plate-forme ; de là le panorama est magnifique. On domine de grandes étendues de forêts, coupées de vallonnements, où doivent couler, en saison des pluies, de véritables fleuves. Sur cette terrasse a été élevé autrefois un monument, dont il ne reste plus qu'un amas de pierres. A 2 kilomètres plus loin, nous passions un splendide portail fort bien conservé : une tête merveilleusement sculptée domine l'arceau de son sommet, mais la végétation y a déjà fait bien des ravages, et bientôt s'anéantira ce curieux reste d'une civilisation disparue.

Un kilomètre plus loin, on arrive à un groupe de ruines, c'est le groupe de Bai-Ou.

En pleine végétation, perdus dans une forêt épaisse, Bai-Ou a de quoi faire rêver les âmes les moins poétiques. Restes, sans doute, de quelque riche palais où avaient dominé des rois, les arbres l'ont envahi ; maintenant, les géants de la forêt s'élèvent bien au-dessus de ce monument, dont jadis une population fut fière. Ecrasé par le poids qu'il a à supporter, miné par les eaux qui s'écoulent des feuillages, il semble se faire de plus en plus petit devant la nature victorieuse et disparaîtra peu à peu, malgré ses faîtes orgueilleux, pour jeter dans l'oubli ce qui fut le travail de plusieurs générations d'hommes.

Si de Bai-Ou on se dirige vers l'est-nord-ouest, on trouve de nombreuses portes et un mur d'enceinte qui suppose les restes d'un palais ou d'une citadelle.

Plus loin, la ruine appelée Phimenaka.

Phimenaka est en bon état de conservation ; c'est un monument carré, au milieu duquel est un grand escalier. On pense généralement que ce sont les restes de quelque riche palais ; les inscriptions qu'on peut y lire sont écrites avec des signes analogues aux caractères cambodgiens, mais dans une langue inconnue qu'on n'est pas encore arrivée à comprendre.

Evidemment Angkor fut une ville énorme, divisée

en deux parties à peu près distinctes: la ville religieuse et la ville profane.

Angkor-Watt nous présente les attributs de la ville religieuse, tandis qu'Angkor-Thom, plus vaste, plus disséminée, semblerait mieux faite pour la vie d'une population plus libre. Angkor remonterait, d'après ces apparences, à l'époque brahmanique et serait un reste de la civilisation Khmère, alors toute-puissante en Asie. Mais comment des monuments si anciens ont-ils pu résister aux saisons des pluies, à l'envahissement d'une végétation puissante. Seuls les savants pourront nous renseigner sur ce sujet, mais il serait nécessaire, sinon d'entretenir nous-mêmes, du moins d'exiger des Siamois, un entretien digne des merveilles que présentent ces ruines.

La viande fraîche nous faisait totalement défaut, nous pensâmes, au retour, à nous procurer quelques vivres, et, puisque l'habitant était si peu aimable, nous demandâmes à la forêt ce qu'on ne voulait pas nous donner. En quelques coups de fusil nous avions abattu un certain nombre d'oiseaux et un gros singe. Faute de mieux, nous voulûmes essayer de la chair de ce dernier, mais cette viande filandreuse et molle à la fois n'avait rien d'agréable, et je crois pouvoir avouer que nous éprouvâmes tous une certaine répugnance à en goûter.

28 *janvier.*

Siemréap.

Il fallait songer à quitter ce lieu si plein de pensées pour retourner à Pnom-Penh. La baisse des eaux du lac ne pardonne pas, et *le Bassac* eût été obligé de nous abandonner sous peine d'être pris par les basses eaux. Nous étions à la dernière limite de la saison.

Dès le matin donc, notre caravane de chars partait, nous la précédions à pied, nos fusils à la main, nous amusant à tirer, par-ci par-là, quelques bandes de perruches passant rapides entre les cimes élevées des yaos et des banians de la forêt. Nous fûmes interrompus dans nos ébats cynégétiques par l'arrivée d'un indigène, un confrère en Nemrod, sans doute, car il tenait à la main une curieuse petite arme. C'était une miniature de l'arbalète de Guillaume-Tell, toute en bois de fer, bandée avec une liane et possédant une sorte de détente en os. La flèche de cet arme minuscule est en proportion, petite, légère, mais faite d'un solide et flexible morceau de rotin, taillé en pointe aiguë. J'ai su depuis que cette arbalète était très employée chez les Kâhts [1]. La flèche empoisonnée, fait de cet ins-

[1] Les Khâts sont des autochtones répandus dans toute la partie laotienne de l'Indo-Chine, mais surtout dans les régions montagneuses. Cette race, métissée à l'infini, a constitué des types différents parlant des langues différentes, ce qui rend l'ethnographie de cette partie du pays des plus compliquées.

trument peu effrayant une arme terrible, souvent plus dangereuse qu'un fusil entre leurs mains.

— Mais voici les premières maisons de Siemréap; nous nous reposerons ce soir dans notre ancien campement d'il y a deux jours. Le gouverneur vient à notre rencontre; il semble plus poli que la dernière fois, mais nous nous montrons plus froids à son égard, notre jeûne de vivres frais nous ayant mis de fort méchante humeur.

Avant de dîner, un tour dans la ville était indiqué; attirés depuis notre visite à Angkor vers les ruines, nous nous rendîmes à la citadelle. La citadelle de Siemréap est formée de murs rongés par les pluies et à demi ruinés, pour toute défense, trois vieux canons à boulets ronds montés sur affûts et roues en bois, sont placés dans une cour intérieure, ces engins semblent hors d'usage. Il est certain que, de ce côté, en cas de guerre, on ne trouverait pas grande résistance. A côté de ces dispositions militaires médiocres, de petits travaux ont été faits dans le village et fort bien compris. Les habitants ont su utiliser les matériaux fournis autour d'eux par la riche nature du pays d'une façon fort intelligente. C'est ainsi que nous pûmes remarquer la distribution d'eau du village. Plusieurs roues à pales plates sont disposées le long du fleuve, plongées en partie dans l'eau.

Aux rayons de ces roues sont adoptés des bam-

SIEMREAP. — ROUE HYDRAULIQUE POUR DISTRIBUER L'EAU.

bous inclinés et coupés en récipients. La roue tourne au courant, les bambous se chargent d'eau à leur passage dans la rivière et viennent se déverser, lorsqu'ils arrivent en haut dans un réservoir. Des canalisations en bambous distribuent alors le liquide dans divers points de la ville. Cette manière simple, ce bon marché de procéder nous a paru intéressant à noter; d'ailleurs, à quoi ne peut-on pas employer le bambou? Nous avons appris à connaître, plus tard, la valeur de cet arbre en Extrême-Orient, et l'on couvrirait des pages en énumérant les usages divers auxquels il peut être appliqué.

29 *et* 30 *janvier*,
Pnom-Penh [1]

Après avoir refait sur nos chars à bœufs et nos pirogues le chemin parcouru deux jours auparavant et constaté une baisse sensible des eaux durant notre absence, nous rejoignions *le Bassac* qui nous déposait le 30 à quatre heures du matin à Pnom-Penh.

Curieuse ville que la capitale de Cambodge, dominant le large cours du Mékong [2], navigable en ces

[1] Le nom de Pnom-Penh vient de la colonne qui domine la ville.

[2] Du 1er janvier 1891 au 30 juin 1892, le mouvement commercial du Cambodge était :

Importation : 1.161.219 tonnes. }
Exportation : 9.551.437 tonnes. } 10.712.656 tonnes.

Les importations viennent *toutes* de l'étranger, aucune de la France ni de ses colonies.

endroits pour les bateaux de mer. En face de la ville, est l'île de Ksach-Kandal, avec son usine de coton, où une compagnie française exploitait alors les produits de cette culture assez importante là-bas. L'usine appartenait à MM. Praire et Cie; ils y avaient adjoint une huilerie pour la distillation de la graine. Les résultats donnés par cette industrie semblaient à ce moment pleins de promesses. De 25.000 piculs en 1890, la production du coton s'était élevée à 120.000 en 1895. Seuls les droits d'importation au Japon permirent à l'usine de subsister. En 1896, la compagnie faisait faillite, ne pouvant plus lutter contre la concurrence japonaise à la suite de la suppression de cette taxe douanière[1]. En vain le Conseil colonial chercha-t-il à sauver l'industrie menacée. Une décision de lui aurait suffi pour établir une taxe plus élevée sur la sortie des cotons. Malheureusement elle intéressait le régime douanier et rentrait dans le ressort de la Métropole; la discussion devait venir en Conseil d'Etat. Il fallait du temps et même de longs mois, pour l'application du remède. Les industriels ne crurent pas pouvoir lutter, aussi aujourd'hui, apprend-on, que l'usine de Ksach-Kandal a été vendue aux Chinois!

Cette histoire de l'affaire industrielle de Ksach-

[1] Les Japonais purent dès lors acheter 27 centimes de plus par picul le coton aux producteurs et ils y trouvaient un bénéfice.

Kandal est fort instructive et intéressante pour ceux que passionnent les questions économiques et, si je cite le fait particulier, ce n'est pas avec une idée de polémique, qui n'est aucunement dans le ton des travaux auxquels nous nous livrons, mais pour en tirer des enseignements utiles sur la politique à tenir à l'avenir[1].

Deux grands dangers nous menacent actuellement

[1] Comme nous l'avons dit plus haut, le commerce du Cambodge a été plutôt en décroissance ces dernière années.

Voici une comparaison des exercices 1891 et 1892 à propos du commerce laotien et cambodgien passant par Pnom-Penh.

La France fournit, par Kampos et Saïgon, les produits suivants : carrosserie, cognac, armes, poudre, articles de chasse, fer forgé, parapluies, parasols, bougies, cotonnades, quincaillerie, mercerie, soufre. Quant au commerce indigène, il a plutôt tendance à décroître.

En 1891, il s'élevait à 107.689 kilog. représentant 37.307 piastres.

En 1892, il s'élevait à 64.048 kilog. représentant 28.550 piastres.

La cardamone et la gomme-laque furent en pleine décroissance cette année-là.

Au contraire, les pirogues, rotins, ouvrages en rotin, dents d'éléphants, cornes de rhinocéros, peaux de buffles et cire d'abeilles ont augmenté.

Les convois de pirogues ont été ainsi comptés :

En 1891 : 277 convois, 411 pirogues, 202 pirogues de vente, 2.829 rameurs.

En 1892 : 110 convois, 82 pirogues, 367 pirogues de vente, 749 rameurs.

Le commerce du Bas-Fleuve se fait par Oubon et Khorat ; le Haut-Fleuve, par Moulmein, Xieng-May, Xieng-Hay.

On trouve là la raison de cette décroissance, la concurrence du commerce siamois et birman.

L'exportation du poisson séché en 1892 a été de 15.243.649 kilogrammes.

Le Cambodge a exporté sur la Cochinchine, en 1892, 3.800.000 kilogrammes de coton brut et 1.100.000 kilogrammes de coton égrené.

dans nos colonies d'Extrême-Orient, les Japonais et les Chinois.

Les Japonais se présentent devant nous comme la concurrence naturelle à toute industrie. Intelligents, laborieux, possédant une population active d'où sort une main-d'œuvre à bon marché, ils ont dans leurs main tout les atouts pour réussir au point de vue industriel. D'un autre côté, les Chinois, avec leur esprit commerçant, leur grande habitude des affaires, ont su prendre une place prépondérante dans le commerce.

Tout gouvernement colonial doit avoir devant les yeux, dans ses actes, les agissements de ces deux peuples, afin de limiter à leur réelle valeur l'influence économique qu'ils doivent avoir dans la colonie.

Mais pour cela, il faut des mesures économiques prises en temps opportun, opposées du tac au tac, et cette manière de faire ne peut émaner de notre gouvernement. La Métropole est, en effet, des plus méfiantes vis-à-vis de ses administrateurs coloniaux, elle les tient dans une tutelle véritablement offensante.

Des hommes bien et sérieusement choisis pourraient être laissés plus libres d'agir, et les conditions économiques du pays n'en seraient que meilleures.

Les lenteurs du Conseil d'État viennent de tuer une industrie importante ; on s'en est ému avec raison dans le monde colonial, et ce n'est pas sans raison que la *Quinzaine coloniale* du 7 février 1898 terminait ainsi son article :

« Il viendra quelque jour où l'on écrira l'histoire
« du rôle du Gouvernement dans le développement
« économique de nos possessions d'outre-mer; elle
« ne manquera pas d'être instructive. Le tableau
« de la sollicitude témoignée, comme on vient de
« le voir, aux industriels français de Cochinchine
« n'en sera pas un des moins curieux chapitres. »

D'un autre côté, il est bon que le colon apprenne à compter, dans ses bilans d'installation, avec le peu de stabilité des taxes douanières dans les pays de nouvelle formation. Il faut que l'industrie ne soit pas faite dans le but de travailler pour un seul pays ; il faut savoir réserver à ses produits des débouchés divers. Si de telles précautions avaient été prises au début de l'usine de Ksach-Kandal, les colons français qui l'avaient créée auraient pu se défendre seuls contre la lutte de tarifs engagée par le Japon et obtenir ensuite l'appui de nos gouvernants.

Entre l'île et la ville sont à l'ancre les nombreuses jonques qui font le trafic du bas Mékong et les grandes pirogues destinées à remonter le fleuve. Plus près des appontements, du côté de la ville, le navire des Messageries fluviales et les chaloupes chinoises qui vont en saison sèche de Kratié à Saïgon, transportant un fret énorme pour leur petite taille.

Ces chaloupes font, dit-on, une concurrence efficace aux Messageries fluviales de Cochinchine, qui, malgré leur subvention, ont beaucoup de peine à lutter contre le bon marché de ces compagnies asiatiques.

Montant les escaliers improvisés de la berge, nous entrons dans la ville de Pnom-Penh. En 1895, la ville européenne de Pnom-Penh était plutôt à l'état de formation ; elle se réduisait à une quinzaine de bâtiments européens, dont plusieurs de mauvaise construction, et il n'existait comme hôtel dans la ville qu'un pauvre café où il y avait quelques chambres aux meubles délabrés. Cependant l'aspect général de la capitale du Cambodge était agréable, et on pouvait se rendre compte de l'état où se trouvent aujourd'hui les rues, le tracé étant prêt avant même qu'il y ait des habitations.

Notre première journée se passa à faire une visite au résident supérieur[1] M. de V***, que nous connais-

[1] Le Cambodge étant pays de protectorat, nous aurons désormais dans notre voyage affaire à des résidents et non à des administrateurs, comme en Cochinchine.

Les fonctions du résident sont analogues à celles de l'administrateur au point de vue général, sauf qu'au lieu de correspondre directement avec le Gouvernement général il doit faire viser à la cour les décisions prises ; le résident a un caractère un peu diplomatique, quoique dépendant maintenant du ministère des Colonies.

Voici d'ailleurs la position exacte de notre administration vis-à-vis du roi, tirée de la Convention de 1884 (Convention Thomson).

Article premier. — S. M. Norodom accepte toutes les réformes administratives, judiciaires, financières et commerciales que la

sions et qui mit fort aimablement sa voiture à notre disposition pour visiter la ville.

Toute en longueur, la ville de Pnom-Penh paraît plus importante et plus peuplée qu'elle n'est réellement ; elle est coupée de canaux de tous côtés ; ces canaux ont été construits par les soins du résident supérieur, qui s'est toujours beaucoup occupé de la ville. En raison des pluies, les eaux des canaux forment un égout naturel à la ville; mais, en saison sèche, beaucoup d'entre eux se présentent à l'état vaseux et répandent une odeur nauséabonde. Fréquemment, aux changements de saison, on voit apparaître le choléra dans Pnom-Penh. Il y fait de nombreuses victimes parmi les indigènes; parfois même les Européens sont atteints. Beaucoup de

République française jugera utile de proposer pour faciliter l'exercice de son protectorat.

Le résident de Pnom-Penh prendra le titre de résident général chef de tous les services; il veillera à l'application des règlements, établira les comptes, préparera le budjet et le soumettra au gouverneur de la Cochinchine.

Les mandarins administrent les provinces, sauf pour la perception de l'impôt, des douanes, des contributions indirectes, pour les travaux publics, etc..

Les dépenses d'administration sont à la charge du pays.

Un arrangement fixera, après établissement du budjet royal, la liste civile du roi et les dotations des princes.

L'abolition de l'esclavage est prononcée.

La constitution de la propriété sera établie par l'autorité franco-cambodgienne, et une municipalité de six fonctionnaires ou négociants sera créée à Pnom-Penh.

Le résident général a droit d'audience privée et personnelle du monarque.

colons ou fonctionnaires de la ville attribuent à l'existence des canaux l'apparition de la maladie. Il y a peut-être exagération de ce côté, car les médecins ont reconnu que le véritable foyer du choléra serait plutôt le Mékong, dont les eaux deviennent malsaines au-dessous de Kratié par les agglomérations nombreuses qui existent sur ses rives et dont les déjections des habitants sont toutes jetées au fleuve. Il ne faut pas oublier qu'à certaines saisons, notamment durant la saison sèche, on travaille dans les pêcheries, et bien des imprudences sont commises par les préparateurs du poisson séché, qui se débarrassent comme ils peuvent du nauséabond voisinage des têtes de poissons, dont la corruption est rapide sous le soleil d'Indo-Chine.

La présence des canaux a nécessité l'établissement de plusieurs ponts, que nos constructeurs ont su présenter sous des dehors élégants ; ils rendent agréable l'aspect de la ville pour le promeneur.

Ce qui frappe principalement dans Pnom-Penh, c'est le contraste des quartiers entièrement construits à l'européenne ou à l'annamite à côté des paillotes cambodgiennes sur pilotis des bords du fleuve. Pnom-Penh semble aussi une ville cosmopolite et rappelle certains aspects de Bang-Kok.

Une pagode centrale, dorée, précédée de sculptures bizarres analogues à celles d'Angkor, domine la ville sur un petit mamelon ; on y accède par un

UNE COUR INTÉRIEURE D'ANGKOR-WATT.

bel escalier situé au milieu d'une sorte de place plantée en jardin public. Sur une des pelouses, de jeunes Cambodgiens faisaient une partie ; ils lançaient avec leurs pieds une balle d'étoffe dure : jamais celle-ci ne doit toucher terre, et chaque joueur la reçoit à son tour sur le dessus du pied. Ils sont très adroits à ce jeu et bien peu souvent la boule ne trouve pas le nouvel élan nécessaire à sa course aérienne. Faire parade de son adresse est agréable au Cambodgien ; aussi, nos jeunes gens redoublaient-ils d'activité tandis que nous regardions, et, si l'heure ne nous avait pressés, nous aurions pris grand plaisir à assister plus longtemps à ce tennis, où le joueur ne risque pas d'oublier sa raquette.

Le soir, à dîner, nous parlions chasse à la Résidence supérieure, car nous allions le plus tôt possible nous enfoncer vers l'intérieur et suivre le cours de ce Mékong, dont le cours difficile, mais merveilleusement beau, a fait l'objet d'études si intéressantes et d'héroïques efforts.

31 *janvier*.

La chaloupe de la Résidence supérieure a été mise à notre disposition ; il nous était facile de nous rendre aux différents points que nous devions visiter ; nous décidâmes que notre première étape serait la mission catholique de Tai-Mao, située entre Pnom-Penh et Kratié. La mission étant peu éloignée de la ville, nous pûmes ne partir que le soir.

Il nous était donc loisible de faire un nouveau tour dans la ville, et ce fut vers le palais du roi que nous dirigeâmes notre promenade. Construit en briques et entouré de murs solides, le palais de Norodom présente à l'intérieur la forme d'une forteresse et n'a rien de bien artistique. Malheureusement nous ne pouvons pénétrer à l'intérieur, on nous avait objecté des causes... politiques. A en croire nos représentants, le roi du Cambodge serait une personnalité fort intéressante, mais très peu hospitalière; d'autres nous le dépeignaient comme un jouisseur sans grande valeur intellectuelle. Nous ne pouvons malheureusement donner une opinion sérieuse sur lui, puisque nous n'avons pu voir que la porte massive de son palais et le Linh-Co montant la garde[1].

[1] Avec un peuple religieux comme est le peuple cambodgien, de grands ménagements sont à prendre pour sauvegarder le respect de l'autorité royale, qui confine de près la religion. C'est peut-être pour cette raison que le résident supérieur sembla préférer que nous ne vissions pas le roi Norodom. Aujourd'hui l'entrée du palais est devenue plus facile, et notre influence a retiré à la monarchie là-bas beaucoup de son prestige mystérieux. Nous croyons que le résultat est préférable à l'ancien *modus vivendi* — Pour européaniser et créer des besoins aux Cambodgiens, il était nécessaire de leur montrer un peu le vide de leurs superstitions. — Mais il ne faudrait pas aller jusqu'à l'excès dans une telle politique, ce peuple perdrait vite une de ses seules qualités, l'obéissance passive et irraisonnée. Quant à la personnalité de Norodom,

Notre seule ressource était de quitter cette ville de Pnom-Penh, si peu hospitalière, et chercher quelqu'agréable coin de forêt pour jouir de la belle végétation du Cambodge. Aussi n'est-ce pas sans une douce joie que nous vîmes fuir les rives du Mékong, emportés, par notre embarcation dont la cheminée vomissait derrière nous le torrent d'étincelles dû à son chauffage au bois.

1er *février à* 6 *février*.

Une semaine chez un missionnaire.

Comment avions-nous fait la connaissance du P. Lazare ? De la façon la plus naturelle, en paquebot. Durant les longues heures de traversée, nous aimions à nous entretenir avec lui des questions coloniales et du beau pays que nous nous apprêtions à visiter. Son long séjour en pays cambodgien était, pour nous, une garantie de sa compétence, et sa modestie chrétienne une assurance de sincérité dans ses renseignements.

Plusieurs fois, au cours de nos entretiens avec lui, il nous avait dit : « Puisque vous avez l'inten-

le plus grand nombre des opinions penchent pour le considérer comme un homme d'une certaine valeur. Il a, prétend-on, failli se convertir au christianisme à la suite des conversations avec Mgr Cordier. Mais il ne voulut point céder sur la question de la pluralité des femmes, ne comprenant pas comment un homme pouvait se contenter d'une seule épouse sans faire un déplorable ménage. (*Siam Free Press* du 20 juillet 1895.)

« tion de remonter le Mékong, faites une station « chez moi, je ne vous offrirai pas un château, « mais, ce qui a bien sa valeur, une hospitalité cor- « diale et de franche amitié.

Voilà pourquoi, le 1er février 1895, notre bande de Parisiens envahissait la demeure du missionnaire de Tai-Mao. — Tai-Mao, dans la langue du pays, Sainte Mère, est un petit village du Cambodge situé entre Kratié et Crauchemar, à cheval sur les deux rives du Mékong, comme d'ailleurs la plupart de ces villages pêcheurs du grand fleuve. Sa fondation est l'œuvre du P. Lazare, qui le dénomma ainsi parce que le jour même où il débarquait seul en cet endroit, alors désert, il apprenait la mort de sa mère en France[1].

Le village, composé d'abord de la hutte isolée du missionnaire, s'est vu développer peu à peu ; à l'heure actuelle, il consiste en une soixantaine de

[1] Dès le XVIe siècle, le christianisme fut prêché dans le Cambodge par Luis Cardezo et Juan Madiera (1551). Les missionnaires portugais et français qui suivirent constatèrent tous de grandes difficultés à convertir les Cambodgiens à cause de leur attachement au bouddhisme. Une mission espagnole réussit mieux plus tard en convertissant de hauts personnages. — Deux missionnaires français furent envoyés plus tard, ils réussirent à fonder une mission que le roi de Siam détruisit quelques années plus tard, emmenant les religieux prisonniers. — En 1647 le jésuite Jean-Marie de Léria pénétra dans le Laos ; en 1648 se fonda la chrétienté de Pinhala ou Thomol ; en 1670 l'évêque de Bérique fonda la congrégation des Amantes de la Croix. Actuellement nous avons au Cambodge quelques Pères des Missions étrangères, dépendant de Saïgon. (Voir PAULUS et BOUINAIS, p. 529-530, t. I.)

cabanes où vivent surtout des Annamites devenus chrétiens, plus souvent pour se mettre sous la protection du missionnaire que par conviction chrétienne.

Quels que soient leurs débuts, nous avons trouvé chez ces chrétiens une grande activité, un travail fructueux et bien conseillé, des guides sûrs et, chose frappante, honnêtes.

Que demander de plus pour assurer la mise en culture d'un pays couvert de forêts vierges et de jungles.

Le Père nous avait reçu dans le quartier qu'il occupait au village, et son domaine se composait de sa paillote, semblable à celle de n'importe laquelle de ses ouailles, et une plus grande, bien pauvre, lui servant d'église. La paillote du Père était si petite qu'il nous était impossible, vu notre nombre, d'y loger, ce fut donc dans l'église, comme autrefois nos pères, qu'on nous installa. Le missionnaire n'avait même pas un matelas pour lui, il couchait sur une natte. à la mode indigène. Pour nous, notre installation était plus grandiose, n'avions-nous pas nos matelas cambodgiens [1] ?

Une fois installés, il nous fallait faire connaissance avec la localité. Comme presque tous les vil-

[1] Ce mode de couchage n'est cependant pas à recommander ; le meilleur est encore d'avoir un lit de camp, que l'on recouvre d'une natte afin d'y maintenir une suffisante fraicheur.

lages riverains du Mékong, Tai-Mao est à cheval sur le fleuve et, malgré les 1.000 mètres de largeur du cours d'eau, les habitants, pêcheurs pour la plupart, traversent d'une rive à l'autre toute la journée. Le Père est installé sur la rive droite, son vicaire, comme il appelle plaisamment un prêtre annamite [1] qu'il a formé, demeure sur la rive gauche et c'est de ce côté qu'est le plus gros du village, le P. Lazare s'occupant spécialement de la partie la moins développée.

Ce fût un réel plaisir pour notre hôte que de nous montrer et de nous décrire les travaux présents et futurs de ce qu'il aimait à appeler son domaine.

Il y a près du village une forêt dont les essences diverses viennent s'enchevêtrer les unes dans les autres à faire croire que jamais être humain n'y

[1] Beaucoup des missionnaires forment auprès d'eux des prêtres indigènes. En pays annamite, il est rare de voir ce sacerdoce indigène donner de bons résultats ; l'Annamite, souvent vantard et outrecuidant, ne manque pas de se targuer d'être l'égal de l'Européen ; ces prêtres se jugent même supérieurs à l'Européen n'ayant aucun caractère sacré ; de là sont nées bien des difficultés entre les missionnaires et les autres habitants de la colonie, difficultés qui sont devenues néfastes au développement économique du pays. Dans les contrées neuves, le proverbe « l'Union fait la Force » doit être plus que partout ailleurs en honneur et respect, et ce n'est que par des concessions mutuelles qu'on arrive à cette union. Les Pères annamites semblent oublier cette maxime ; aussi les missionnaires devraient-ils les conserver toujours sous une tutelle serrée et dans les limites que leur condition d'Asiatiques et la nécessité de respecter l'Européen leur imposent.

mit le pied[1]. Cependant nous suivions un sentier fort bien tracé, œuvre des habitants du village.

En passant, le Père nous nommait les différents géants de la forêt que nous rencontrions : des « ficus » énormes ; le yas, producteur de l'huile dont les indigènes se servent pour alimenter leurs torches en feuilles de palmier ; l'arbre à strichnine, dont le poison est bien connu : son fruit est recouvert d'une écorce d'un gris jaunâtre, la cosse en est légèrement ligneuse et faible ; l'intérieur, comme dans l'azerolle, contient de nombreux noyaux qui sont entourés d'une chair roussâtre ; l'odeur du fruit est très caractéristique ; l'arbre est grand et a de l'analogie, comme forme générale, avec le ficus.

Chemin faisant, le missionnaire nous racontait comment, aux premiers jours de l'installation du village, il usa de ce poison pour détruire les bêtes féroces : « Le tigre ou la panthère[2], nous disait-il, « quand ils ont pris un animal, le dévorent à

[1] Les richesses forestières du Cambodge ont une grande importance économique pour l'avenir, quand les colons seront venus, et cela ne peut tarder ; on y industrialisera la gomme-gutte, le stick-lak, la *cardamone*, avec les produits agricoles, le **poivre,** le **coton,** le *maïs*, l'**arachide,** le sucre, l'indigo, la soie, le *tabac*, l'abaca, la *cannelle*, le coprah, sans parler du riz, qui devient une source d'exportation considérable pour l'Europe. Il ne faut pas oublier non plus que le Cambodge a été un des riches pays d'élevage de l'Extrême-Orient. Il fournissait la viande aux autres pays. Actuellement, la paresse des habitants, des droits mal appliqués par notre administration, ont laissé se perdre cette branche de notre agriculture là-bas.

[2] Jaguar.

« moitié, puis ils vont plus loin dormir et digérer.
« Ils reviennent quelques heures après terminer
« leur repas. C'est dans l'intervalle que peut se
« glisser, sans déranger la situation de la proie, et
« avec des précautions infinies, le poison vengeur.

« On retrouve, en général, l'animal mort ou mou-
« rant à quelques centaines de pas du poison. C'est
« ainsi que les Pères possédaient, au jour de notre
« visite, deux peaux de tigres récemment détruits. »

Continuant notre promenade à travers la forêt, nous tombâmes, à notre grand étonnement, sur les vestiges d'un établissement où la main de l'Européen avait laissé des traces. On voyait encore là la roue d'un moulin à eau et des cases détruites. Le P. Lazare nous avait conduits de ce côté pour nous montrer les restes de ses premiers travaux. A peine débarqué, à son arrivée à Tai-Mao, le bon missionnaire, sans attendre d'avoir quelque expérience du pays et plein d'enthousiasme, eut l'idée d'exploiter la forêt voisine. Il utilisait la force d'un petit cours d'eau tombant de la montagne et n'asséchant jamais pour faire marcher une scierie.

Ce fut une véritable fête que l'inauguration de cette petite industrie dans le pauvre village. Mais hélas ! pour être missionnaire on ne naît pas industriel, et le bon Père n'avait commis qu'une faute. Pour bien faire les choses, il avait acheté un système d'une perfection telle qu'un accident arrivé, ses indigènes et lui furent incapables de le réparer. Le manque de capitaux ne permettait pas de renvoyer le mécanisme à Saïgon, et l'industrie abandonnée voyait ses établissements démolis en quelques mois par le retour de la sauvage végétation du Cambodge. Tai-Mao, qui se croyait déjà appelé au plus grand avenir, avait comme Perrette, brisé son pot au lait et redevenait le bon village de pêcheurs que nous connaissons [1].

Pendant que le Père nous racontait ses essais infructueux d'industriel, nous redescendions vers le village en suivant les berges d'un étang important et peuplé d'oiseaux d'eau. Au milieu des joncs et dans une partie limpide buvait un grand cerf cambodgien, que les Annamites appellent « conai ». N'écoutant plus que notre instinct de chasseurs, nous voilà partis, glissant avec précaution, dans les bambous qui formaient la lisière de la forêt et cherchant à envelopper le gibier.

Mais le cerf nous avait éventés, et tout avait disparu quand nous nous montrâmes à portée de fusil de l'endroit où il buvait.

Le Père profita alors de la circonstance pour nous montrer une nouvelle manifestation de son

[1] Une déduction pratique doit être tirée de cet exemple : il faut, aux colonies, savoir bien choisir les outils dont on doit se servir dans une exploitation, et, plus on est loin des centres, plus il est nécessaire d'employer des outils simples, au risque d'employer plus de main-d'œuvre.

activité pour le bien du petit pays dont il s'occupe. Sur les bords de l'étang, les hautes herbes, rasées par le feu, se consumaient lentement; ce feu, entretenu par les indigènes, avait pour but de former de la terre végétale et gagner de plus en plus sur les eaux. Alors deviendra facile, en cet endroit, la culture du riz et du coton.

Plus tard, en remontant le Mékong, nous avons vu employer ce système de culture par les indigènes laotiens pour la production de leur riz.

Le soir de cette journée bien remplie fut employé à dîner sur le seul objet de luxe de la maison, une table; assis autour d'elle, du haut de la berge où nous l'avions disposée, nous pouvions jouir du beau coup d'œil du Mékong, roulant silencieusement ses flots argentés par les rayons de la lune et troublé seulement à intervalles réguliers par le saut et le rsoufflement bruyant du poisson souffleur [1].

Le lendemain de cette reconnaissance devait être consacré au repos; mais les souvenirs du cerf buvant à l'étang hantaient notre esprit; nos fusils étaient

[1] Ce poisson souffleur est-il poisson de mer ou poisson de rivière, c'est ce que nous ne saurions trop déterminer. Mais nous avons pu observer un fait très curieux, c'est que le Mékong même, à la hauteur de Préapatang, est peuplé à la fois de poissons de mer et de poissons de rivière. Nous avons même mangé le même jour de la raie du Mékong ainsi que des tanches prises au même endroit. Cependant l'eau du fleuve, quoique limoneuse, est parfaitement douce.

restés depuis bien longtemps silencieux, aussi décidâmes-nous un tour en forêt, mais à la recherche de petit gibier seulement. Sans compter les nombreux oiseaux d'eau, parmi lesquels l'aigrette, le pays possède une faune abondante. Outre le cerf, le sanglier et les animaux qu'on rencontre dans les forêts de l'Indo-Chine, de nombreuses bandes de singes, d'espèces variées et curieuses, habitent les arbres, ainsi que des écureuils dont certains, au pelage noir, se rapprochent du sconce. Il faudrait des pages pour citer toutes les variétés de mammifères et d'oiseaux qui peuplent la forêt.

Mais ce que nous cherchions surtout était quelque gibier comestible, pour varier l'éternel riz, le seul aliment que le missionnaire pouvait nous fournir Pour cette raison, vers le soir, je m'attachai à écouter le chant du coq sauvage et le cri du paon qui se branche. Après quelques hésitations, je fis signe à mon guide annamite, un jeune chrétien du village, de me conduire vers les paons que j'entendais non loin de là, et nous nous enfonçâmes dans un de ces sentiers détournés que seuls les indigènes connaissent.

Curieux concert que celui qui se donnait autour de nous avec des intonations si différentes.

Perdu dans mes réflexions, j'écoutais, cherchant à reconnaître chacun des animaux qui se faisaient entendre et chantaient leur hymne du soir, quand tout à coup mon guide me toucha légèrement le bras et me montra le sommet des arbres. A une quarantaine de mètres au-dessus de nous, sur une grosse branche, reposait un paon qui venait de se coucher. La détonation de mon fusil interrompait quelques secondes après le concert, et je percevais la chute d'un corps pesant au travers des branches.

Je venais de conquérir un succulent dîner.

Il m'eût été impossible de me douter, en rapportant ma proie, combien de formes culinaires peut prendre un paon au Cambodge, surtout chez un pauvre missionnaire.

On nous servit d'abord un excellent potage suivi de paon au riz, puis, comme rôti, nous attaquâmes des bifteaks, qui n'étaient autre chose que la poitrine de l'animal découpée en fines lamelles et grillée sur une pierre brûlante. Sans compter que notre paon reparut le lendemain sous forme de ragoût et put nous faire trois repas, tout pouvant être utilisé dans cet excellent volatile.

Un autre coup de fusil que nous apprîmes à apprécier le lendemain est le coq sauvage, dont la chair, aussi fine que celle de nos meilleurs poulets, a ce petit goût particulier au gibier et si apprécié des gourmets.

Il s'était passé trois jours depuis notre arrivée ; dans la matinée, nous fûmes éveillés par le son d'un tambour, frappé en cadence dans la salle où nous dormions, je veux dire, dans l'église. Un vieil Annamite, le sacristain sans doute, sonnait, si je puis m'exprimer ainsi, le premier coup de la messe. Vite, nous nous levâmes, et, ayant rangé nos affaires dans un coin, nous prîmes place à l'office divin.

C'était un beau spectacle que celui de ce Père à la figure pâle et imposante, sous les ornements simples que fournit la belle œuvre des Missions, disant la messe à une centaine d'indigènes dont les cantiques nazillards étaient interrompus par sa voix brève, mais forte.

Les deux anciens du village, à la barbiche grise et peu fournie de l'asiatique âgé[1], étaient à genoux sur une natte au milieu de l'église ; les femmes occupaient la gauche de l'autel, les hommes la droite. Quant à nous, le Père nous avait mis dans les honneurs, et nous siégions au centre, avec les « anciens ». En Parisiens endurcis, nous ne pûmes nous empêcher de comparer la sortie de cette simple, mais touchante cérémonie, à celle des messes à la mode de nos riches paroisses, et je me garderai bien d'exprimer notre opinion sur ce point; elle pourraient peut-être blesser des susceptibilités, nous en serions désolés.

[1] A l'âge de quarante ans seulement l'Annamite laisse pousser sa barbe. Il devient alors un objet de respect et on le consulte dans les cas embarrassants.

Le P. Lazare nous avait réservé pour ce jour-là une surprise; nous allions avoir du monde à dîner !

Le bon prêtre, profitant de notre chasse de la veille, avait convié à dîner le télégraphiste de Crauchemar, petite ville à quelques heures de Tai-Mao.

C'est ainsi que le village put voir ce soir-là, sur la plus haute berge du fleuve, une table éclairée de tout ce que nous avions pu trouver de bougies dans nos bagages, et le P. Lazare présidant un banquet de huit Européens. Voilà ce que ne verra pas de longtemps le pauvre petit Tai-Mao.

Plantations et pêcheries du Mékong.

Le télégraphiste de Crauchemar, M. L***, avec son amabilité bien connue là-bas, n'avait pas manqué de faire son possible pour nous être agréable : il nous était arrivé avec une invitation à chasser du mandarin d'Umptil.

Nous nous embarquâmes donc, dès le lendemain matin sur la pirogue du Père, et, chemin faisant, celui-ci nous décrivit le pays. A une heure environ de là, il y avait des plantations de coton florissantes au milieu desquelles pointait un village. A notre question, le P. Lazare nous expliqua que ces villages étaient plus riches et plus producteurs que tous les autres, parce qu'ils étaient habités par une race plus active que le Cambodgien, le Malais. « Il y a bien des années déjà, nous dit-il, au mo- « ment de l'insurrection aux Indes néerlandaises, « des familles de Malais se sont établies à Crauche- « mar et dans les environs, ainsi que sur bien des « points du Mékong. Cette population, très indus- « trieuse, a créé des plantations et gagne beau- « coup d'argent, aidant encore à son existence par « la pêche. Ils se croient, pour la plupart, originaires « du pays, cependant leur type est indélébile[1]; »

Comme pour confirmer les paroles du Père, au détour du fleuve, nous apercevions deux barques malaises ; l'un de ces Malais relevait à ce moment un épervier plein des innombrables poissons du Mékong.

Plus loin, une odeur épouvantable venait frapper nos narines : nous étions en face d'une pêcherie,

[1] Une description du Malais a été donnée par Moura dans son *Royaume du Cambodge*.

Il fait ainsi la description physique du Malais : « Le Malais a le front arrondi et abaissé, les yeux ronds, les lèvres un peu fortes, le nez plein, large et les narines écartées, la bouche grande et la mâchoire avancée, la barbe rare et ne poussant qu'au-dessus des lèvres et au menton.

« L'aspect général du Malais est farouche. »

Moura est très dur pour cette race, il les accuse de trahison, de dissimulation, d'hypocrisie, mais il leur reconnaît une grande activité et beaucoup d'aptitudes commerciales.

Leur costume est un pagne tombant et un gilet boutonnant droit, un veston en toile et un petit turban. — Les femmes portent le même langouti et une longue robe de soie collant au corps et aux bras. Elles ont les cheveux longs et noués derrière suivant la mode, Annamite.

près de nous se pratiquait la plus grande industrie Cambodgienne, source de l'avenir de cette colonie... le poisson séché[1]. Le poisson est préparé dans ces pêcheries de la façon la plus simple. Pris dans des barrages, il est ouvert et vidé, puis exposé au soleil, qui, en quelques heures, l'a complètement desséché et mis dans l'état du stock-fish de Norvège. Les cabanes des pêcheurs étaient les premières maisons de Crauchemar; là, notre hôte nous mettait entre les mains de M. L***, qui s'était chargé de nous faire accompagner chez le mandarin d'Umptil. Il ne nous restait plus qu'à dire adieu au bon Père Lazare, dont la belle figure nous laissait un souvenir ineffaçable de respect et d'amitié.

Une chasse à dos d'éléphants au Cambodge.

Après avoir navigué toute la nuit sur une assez mauvaise pirogue, nous arrivâmes à Umptil. Le mandarin nous attendait avec toute sa cour, de nombreux notables du village. Nous fûmes escortés par eux jusqu'à la case principale, à la lueur des torches.

L'habitation du mandarin d'Umptil est une superbe paillote montée sur pilotis, dont le sol est couvert de nattes fort propres. Suivant l'usage, nos hôtes attendirent, accroupis, que nos Seigneu-

[1] Voyez note 1, page 175. (*Commerce du Cambodge.*)

ries voulussent bien se coucher. Il était deux heures du matin, nous devions être en chasse à cinq heures; mais deux heures de sommeil n'étaient pas à dédaigner pour nos membres ankylosés par la station en pirogue.

Dès la pointe du jour, un grand bruit nous éveilla, c'était nos boys annamites qui s'agitaient, donnant des ordres et prenant une importance assez peu convenable. Ils suivaient en cela la tendance générale du peuple annamite; ces derniers se figurent être de puissants seigneurs parce qu'ils accompagnent l'Européen, qu'ils l'ont aidé à pacifier le pays, et puis parce que l'Annamite est une race fière, conquérante et qui mépriserait facilement les autres peuples de l'Indo-Chine. Cependant nous croyons bon de calmer ce zèle intempestif.

Les éléphants étaient harnachés avant que nous eussions terminé quelques sommaires ablutions. Nous allions enfin voir ce que contient la jungle indo-chinoise, et c'est avec un bel espoir cynégétique que nous montâmes sur les énormes bêtes[1].

[1] Un éléphant a, au Cambodge, une valeur de 90 à 120 piastres: il se paye en location, avec le cornac, 1 piastre. L'éléphant est toujours vendu avec son cornac. Sur les marchés de Moulmein et ceux des Indes, les éléphants atteignent des valeurs bien plus considérables. On vend les éléphants souvent au mètre de hauteur, 80 francs par coudée ($0^{m},40$) de hauteur au garrot. A ce prix, un bel animal peut revenir à 530 francs. Les éléphants rendent, au Siam

Nous étions bientôt dans la brousse, nos éléphants, de leur trompe, écartaient les hautes herbes dans lesquelles ils se perdaient malgré leur grande taille. De temps à autre, un bout de jungle venait nous caresser désagréablement la figure pendant que notre pauvre corps, balloté dans nos mauvais palanquins, nous donnait des réminiscences de certaines excursions en mer par grosse houle et forte brise. On peut chasser ainsi de deux manières : le chasseur étant sur le dos de l'éléphant et tirant les animaux qui fuient devant lui. Dans ce cas, les trois quarts des coups sont perdus, car les cerfs, qui forment le fond de la chasse, disparaissent complètement sous les hautes herbes, et le plomb pénètre difficilement, sans compter que le tir se fait au jugé dans une position généralement inconfortable. Une seconde manière de chasser, moins facile, mais préférable, est de se faire rabattre le gibier par les éléphants dans des clairières ; le chasseur, alors à pied, dans de meilleures conditions, est plus sûr de lui ; mais le gibier tient beaucoup dans les fourrés épais et il est souvent difficile de le faire débûcher.

Nous chassâmes ce jour-là à dos d'éléphants ; il

et en Birmanie de grands services pour l'exploitation des forêts, à condition d'éviter d'user trop des femelles et de faire travailler les animaux entre dix heures et trois heures.

(Mgr Grindrod : *Siam.*)

faut bien avouer, à notre honte, que le tir ne brilla pas.

Beaucoup de coups de fusils se bornèrent à éveiller les échos de la forêt, et le tableau ne se composait à la fin de la journée que de deux paons, deux cerfs, un pélican et un lièvre de jungle.

Il faut dire que l'époque où nous chassions est peu favorable à ce genre de sport; la meilleure époque est septembre ou octobre, novembre peut encore être bon; mais après les herbes ont trop poussé ou ont été détruites par le feu et les animaux se tiennent alors loin des villages dans les parties inhabitées, au fond des fourrés. Le soir, à notre retour, un plantureux dîner nous attendait, et une nombreuse cour assistait à notre repas, suivant les règles de l'hospitalité cambodgienne.

Je ne puis exprimer les opinions diverses qui purent prendre naissance dans les cerveaux de ces hommes respectueusement silencieux, mais ils assistèrent, ce jour-là, à une véritable scène de goinfrerie.

Après avoir échangé des cadeaux avec nos hôtes et leur avoir laissé un certain nombre de cartouches, don très apprécié par ces chasseurs, nous prîmes congé de l'aimable mandarin pour joindre *le Bassac* à son passage et nous rendre à Kratié.

Chemin faisant, nous ne pûmes nous empêcher d'exprimer notre étonnement de la façon noble et digne dont nous avait reçu le mandarin. Le Cambodgien est d'une grande race, on ne peut lui nier cela, et la noblesse de ses mouvements fait contraste avec le frétillant Annamite, plus intelligent, mais d'allures moins correctes.

4 février. — Chez un résident.

6 *à* 10 *février.* — Kratié [1].

Kratié, centre commercial assez important pour le pays, est plutôt un village qu'une ville. Il a cependant son importance, parce qu'il est la limite de la partie navigable du Mékong pour les bateaux à vapeur en saison sèche. Tous les jours il part une chaloupe chinoise chargée de marchandises; deux fois par semaine *le Bassac* fait son apparition; ce n'est qu'à grand'peine, avec ces petits bateaux, qu'on arrive à transporter les marchandises[2]. Il

[1] Le Cambodge est divisé en huit grandes provinces : Pnom-Penh, Pursat, Kompoug-Chnang, Kratié, Kompoug-Thom, Banam, Brauchemar.

Ces provinces se subdivisent en plusieurs autres départements.

[2] Voici les prix des différents produits du Cambodge transportés par le *Bassac* et les chaloupes chinoises à Pnom-Penh :

	Piastres.	
Résine	2,00	Le picul.
Huile de bois	1,00	Le touque.
Torches	1,00	Le cent.
Cire en pains	1,50	(0^{kg},600) le pain.
Résine 1re qualité	3,50	Le picul.
Le tabac	45 à 50	—
Noix d'Arec	2,50	Le mille.
(En Cochinchine)	2,00	—

faut songer que de nombreux postes sont à ravitailler dans le Haut, et les convois de pirogues, mode de transport lent et peu sûr, arrivent souvent au moment le plus inattendu, d'où des encombrements très fréquents.

La résidence, coquette maisonnette en planches, ornée de feuillage, avec une jolie terrasse en bois dominant le fleuve, a assez bon air. Ce n'est certes pas un palais, mais l'habitation en est confortable. M. L*** nous fit fort aimablement les honneurs de sa maison, mettant tout à notre disposition pour que nous nous installions le plus confortablement possible.

Les quelques jours que nous allions avoir à passer à Kratié ne pouvaient être mieux employés qu'à étudier les mœurs des habitants, et spécialement leurs rapports avec les bonzes. Cette question intéressait particulièrement M. L***. On connaît le respect que professe le Cambodgien pour ses bonzes

	Piastres.	
Sel	0,60	Le picul.
Chaux	0,30	—
Cornes	5,00	—
Peaux de buffles	10,00	—
Peaux de Cerfs	12,00	—
Peaux de bœufs	13,50	—
Chevaux	40 à 50	Par tête.
Buffles	30,00	—
Bœufs trotteurs	50,00	La paire.
Poivre	On l'a vu atteindre jusqu'à	

28 et 30 piastres, tarifs *maximum*.

et pour tout ce qui touche la religion. C'est d'ailleurs la raison pour laquelle les chrétientés ne sont composées, au Cambodge, que d'Annamites ; le prosélytisme de nos missionnaires a peu d'influence sur les croyances très enracinées des Cambodgiens. Les bonzes représentent la partie intellectuelle de la population. Pour être bonze, il suffit de se faire agréer par le satouk, chef de la bonzerie : on rase alors la tête au nouveau venu, et il revêt la robe jaune. Dès lors il aura la libre disposition des livres et pourra travailler dans une case réservée pour lui seul.

On peut entrer à n'importe quel âge à la bonzerie, et on voit souvent des enfants revêtus de la robe jaune.

Ces prêtres vivent de ce qu'ils mendient aux maisons, et leur ordinaire est généralement copieux.

Ils font vœu de chasteté : s'ils y manquent, ils sont dépouillés de leur robe et rentrent dans la vie civile.

Avoir été bonze et avoir cessé de l'être n'implique aucune déchéance, et le jeune homme qui a manqué à ses vœux n'est pas pour cela déshonoré, il reprend sa vie ordinaire, mais ne peut plus se livrer à ses études, la bonzerie détenant les ressources intellectuelles du pays.

La moralité des bonzes et généralement bonne au Cambodge, aussi sont-ils très respectés.

La pagode de Kratié, comme toutes les pagodes cambodgiennes est en bois, ornée de micas, avec des toits contournés et bizarrement découpés. Dans l'intérieur, devant une sorte d'autel, où se prélassent assis, les jambes croisées, un nombre extraordinaire de Bouddhas de toutes les grandeurs, sont placés des parasols : ils sont destinés à être portés devant les mandarins importants. On reconnaît le grade du mandarin à la couleur, au manche ou aux glands. Le manche d'or est réservée à la famille royale ou à un Bouddha en vénération.

Toutes les pagodes du Cambodge sont ornées de peintures murales : celles de Kratié ont trait à l'histoire. C'est la représentation d'une célèbre légende religieuse. Elle est née à propos du retrait de la mer des provinces cambodgiennes. On sait que la Cochinchine est entièrement formée d'alluvions du fleuve, on suppose, d'après ces légendes et aussi par la constitution géologique du sol, que le bas Cambodge doit également sa naissance au Grand Fleuve. Les peintures de la pagode de Kratié nous représentent deux princesses magiciennes en rivalité pour l'amour d'un jeune prince cambodgien. L'une d'elles, cruelle, avait fait engloutir par les flots de la mer le beau pays de celui-ci ; mais l'autre, bienfaisante, écartait les eaux et était recherchée pour ses vertus par le jeune homme. L'histoire représente la période des luttes des terres refoulant les eaux, les inondations terribles et les assèchements successifs qui ont lieu dans la formation des terrains alluviaux.

C'est par ces peintures et les livres des bonzes que se maintient la tradition au Cambodge.

Comme aux temps féodaux, la bonzerie soutient le pouvoir temporel et l'aide par les maximes qu'elle prêche, maximes fondamentales de la religion bouddhique et qui simplifient singulièrement le problème social. « L'homme n'est malheureux, dit-elle, que « parce qu'il s'est mal conduit dans une vie anté- « rieure; il subit dans un nouveau corps une condi- « tion cruelle s'il a abusé des jouissances de la « vie. C'est la peine du talion appliquée à une vie « postérieure. »

Il faut attribuer à cette croyance l'absolu mépris de la mort qu'ont les Asiatiques. Ils ne voient dans le trépas qu'un changement d'état avantageux s'ils ont bien vécu, désavantageux s'ils se sont mal conduits.

Au fond, c'est notre croyance à la vie future, sauf que, dans le bouddhisme, il faut plusieurs existences parfaites pour arriver à l'anéantissement dans la divinité, le Nirwanâ ou repos absolu.

Après la bonzerie et la pagode, il n'y a plus rien d'artistique à voir à Kratié. Le commerce de la ville est représenté par l'entrepôt, qui ne se compose guère que d'un appartement en bois et de l'entasse-

DRESSAGE D'UN ÉLÉPHANT SAUVAGE.

ment des marchandises diverses sur les bords du fleuve. Il y a aussi une épicerie française, sorte de bazar où se débitent des produits de notre pays, principalement à l'usage de nos compatriotes, et assez peu à celui des indigènes.

Plusieurs balles de coton[1] attendaient à ce moment d'être dirigées sur l'usine de Ksach-Kandal; mais malheureusement la population du Cambodge est rare et paresseuse, elle ne cherche guère qu'à gagner modestement sa vie, et les productions ne peuvent être bien nombreuses dans ces conditions. Leur créer des vices et des besoins, tel sera le but de notre colonisation. Il faut bien l'avouer, le beau rôle n'est pas toujours au peuple colonisateur; mais, pour qu'ils nous comprennent, pour qu'ils se développent comme nous, n'est-il pas nécessaire qu'ils

[1] Outre le coton, le Cambodge produit encore : le *riz*, le maïs, la canne à sucre, le *palmier à sucre*, l'igname; la patate, le manioc, le sagou, le potiron, l'aubergine et la tomate, le **poivrier** est d'une production rémunératrice là-bas; on trouve aussi de nombreux arbres fruitiers : le **cocotier, l'aréquier**, le caféier, le *manguier*, le mangoustanier, le *dourio*, le carambollier, le *jacquier*, le pommier-cannellier, le corrosolier, le tamarinier, le *goyavier*, l'oranger, le *pamplemoussier*, le *citronnier*, le *papayer*, le **bananier**, l'**ananas**, le *palmier*, le grenadier, le jujubier, l'arbre à pain. L'abaca, ou bananier sauvage, qui pousse en grande abondance dans les forêts est susceptible d'être employé comme plante textile. Il faut ajouter encore à cette liste: l'**indigotier**, le roucouyer, le gommier-guttier, le gommier-laquier, le *tabac*, le poivrier-bétel, la *cardamone* ; la vanille, encore peu cultivée, est susceptible de développement. Enfin de nombreuses espèces d'arbres fournissent d'excellentes pièces de bois, l'industrie forestière à beaucoup d'avenir au Cambodge.

aient les mêmes besoins? Aurions-nous inventé le chemin de fer si nous n'avions pas soif de l'or qui nous procure des sensations nouvelles, des satisfactions d'habitudes qui paraissent extraordinaires à des non-civilisés.

Derrière Kratié, perdu dans la jungle, est un modeste cimetière. C'est là que sont enterrés quelques braves, morts au Laos; des croix en fer et en bois, des épitaphes, tout cela ombragé par la belle végétation cambodgienne, et nous voilà rêveurs : le plus âgé de tous ces disparus avait vingt-sept ans!

10 *février*.

En route vers Bassac.
Première nuit au campement.

Depuis quelques jours, le résident supérieur nous avait promis des éléphants pour nous rendre à Samboc en chassant et y retrouver notre convoi de pirogues sur le Mékong. Les animaux étaient arrivés la veille, nous pûmes donc partir de bon matin[1].

1 On nous avait envoyé les éléphants de l'obbaréach, ou (premier prince du sang) deuxième roi, le premier après Norodom.

La constitution cambodgienne est une sorte de constitution féodale à grands feudataires :

L'obbaiouréach	a 7	provinces sous sa domination.		Roi qui a abdiqué.
L'obbaréach	5	—	—	1er prince du sang.
La reine-mère	3	—	—	(Pra Voréachiné).
Le chauféa	9	—	—	Premier ministre.
Le ioumréach	6	—	—	Ministre de la justice.

Nous suivions les bords du fleuve par des chemins montueux, qui nous opposaient des descentes rapides mais ces obstacles n'étaient rien pour nos éléphants se traînant sur les genoux de derrière : ils descendaient avec une sûreté qui finit par nous rassurer, car la perspective de rouler en compagnie de pareilles masses n'avait rien de très agréable. Enfin apparurent devant nous les hautes jungles et nous allions pouvoir essayer encore notre adresse, ou, plutôt notre maladresse insigne, à en juger par nos débuts.

Nous ne fûmes pas inférieurs ce jour-là à notre réputation, et bien des cerfs et des sangliers doivent peut-être encore leur vie à notre peu de sûreté de coup d'œil à dos d'éléphants.

A 11 heures, nous arrivions à Samboc. Le vieux mandarin du village nous attendait, prévenu par le résident de Kratié ; une salle nous était préparée dans sa paillote. C'était un vieux Cambodgien au sourire béat ; il se crut obligé, comme son confrère de Crauchemar, d'assister à notre repas. Pour le récompenser de sa constance, nous lui offrîmes un

Le véang a 9 provinces sous sa domination. Ministre du palais et des finances.
Le chakrey a 7 provinces sous sa domination. Ministre des transports par terre et de la guerre.
Et le Kralahom a 7 provinces sous sa domination. Ministre des transports par eau et de la marine.

Tous les princes ont au-dessous d'eux de nombreux mandarins fonctionnaires. (Paulus et Bouinais, p. 475.)

petit verre de cognac. Après une grimace épouvantable accompagné d'un oh! significatif, il se mit à nous parler, nous pensions qu'il allait se plaindre du feu du liquide, il y avait peut-être de notre faute, on nous avait recommandé de nous munir d'alcools violents, les seuls appréciés des indigènes. A notre grand étonnement, son discours n'avait rien de ce que nous supposions : le brave homme en demandait une autre dose, qu'il alla de suite, en bon mari, offrir à ses femmes. Celles-ci nous regardaient par les fenêtres en se tenant respectueusement dehors. Il y avait là des femmes de toute la région, aussi bien l'Annamite à la longue robe sous laquelle pointent des seins piriformes, que la Cambodgienne coiffée à la Bressant, comme les hommes, et couverte de son sampot mis en jupon et d'un langouti qu'elle noue sur la poitrine, laissant les épaules et la gorge découvertes. Chacune d'elles goûtait au liquide, exprimant d'une façon comique l'impression qu'elle en ressentait[1].

[1] La polygamie est en usage au Cambodge dans les classes riches; elle reconnaît la supériorité des femmes de premier rang.
Le code cambodgien, fondé sur le lion sacré Pra Thom-Masal, admet trois femmes légitimes. La première (thom) est celle qui est demandée à son père et à sa mère avec certaines cérémonies; la seconde est demandée sans observer les rites traditionnels: c'est en général une jeune fille de condition inférieure, aimée du mandarin; la troisième est généralement une esclave rachetée et épousée le plus souvent pour satisfaire un caprice. Un même homme peut avoir plusieurs femmes de chaque rang. La première femme est la mère de tous les enfants.

Il fallait songer à partir ; notre convoi nous attendait, aussi descendîmes-nous au fleuve. Les pirogues qui devaient nous servir étaient longues et couvertes d'une paillote en dôme allongé ; on ne peut pénétrer à l'intérieur qu'à quatre pattes, et c'est à peine si l'on peut s'y tenir assis ; la chaleur du soleil transformait rapidement notre installation en véritable halle de Hammam. Il fallait s'y accoutumer, ne devions-nous pas naviguer ainsi pendant plus de quinze jours pour nous rendre à Stung-Treng ?

A six heures du soir, nos hommes s'arrêtaient sur un banc de sable au milieu du fleuve ; c'est, paraît-il le campement le plus salubre et le plus agréable, il faut se garder, avant tout, des endroits trop riches en végétation, qui sont sujets à l'humidité et aux moustiques.

A sept heures nous nous mettions gaiement à table. C'était notre première nuit à la belle étoile, la première étape vers la délicieuse vie libre dont nous rêvions.

Nous en étions là de nos agréables réflexions, quand j'aperçus sur la serviette qui nous servait à la fois de table et de nappe, un insecte de belle taille se dirigeant vers moi. Je n'eus pas de peine à le reconnaître, en ayant déjà rencontré dans mes voyages antérieurs : c'était un superbe scorpion de la race brune. J'appelai mes amis pour le leur faire voir, il fallait le connaître pour savoir s'en garder plus tard ; quelques minutes après, l'animal grésillait dans notre foyer.

Au cigare, un bruit nouveau venait frapper notre oreille, un tigre faisait entendre son rugissement, appelant sans doute sa femelle. Sa voix large et imposante avait quelque chose de terrible dans le silence de la nuit, et nous ne pûmes nous empêcher de jeter un regard vers nos carabines[1]. Quelque temps après, un coup de feu retentissait, se répercutant dans les échos du fleuve, sans doute quelque Cambodgien à l'affût du cerf. Bientôt, le sommeil alourdissant nos paupières, les bruits de la forêt nous paraissaient moins distincts, puis nous perdions toute notion et rêvions peut-être du lit de plumes, vide pour le moment, dans notre chambre de jeune homme.

11 *février*.

Arrivée à Samboc.

Partir de bonne heure est un des meilleurs principes, il faut éviter le plus possible la marche au grand soleil. Vers dix heures, on arrête à l'ombre et laisse passer le moment le plus chaud de la journée, c'est la meilleure manière de ménager ses

[1] Il est assez rare d'entendre le tigre rugir ; généralement on l'entend chasser, alors sa voix ressemble à l'aboiement d'un petit chien : cop ! cop ! d'où est venu sans doute son nom annamite « con-cop ».

forces et d'éviter les accès de fièvre. Ce fut ainsi que nous décidâmes de procéder.

Curieuse navigation que celle que nous faisons en ce moment; il s'agit de remonter le cours du fleuve, cours irrégulier par excellence. Tantôt nous voyons nos hommes peiner en poussant l'embarcation avec une perche en bambou, tantôt, lorsque le courant est trop rapide, ils se mettent à l'eau et poussent la pirogue à bras en poussant des hôô! analogues à ceux de nos matelots, puis on les voit sauter à bord comme une grenouille montant sur quelque pièce de bois. Ils saisissent une rame courte ou traversent un bief et, glissant lentement sur les eaux tranquilles, l'embarcation s'avance avec le calme d'une gondole vénitienne. Souvent même les hommes font entendre, pour cadencer leur mouvement, un chant triste et bizarre qui ne manque pas de poésie.

Ce ne fut qu'à quatre heures que nous atteignîmes Samboc. Un jeune résident nous y reçut à bras ouverts, nous priant de venir dîner avec lui à la Résidence; nous ne pouvions y manquer et eûmes encore une fois à bénir l'hospitalité de nos compatriotes aux colonies.

La ville de Samboc, comme ville européenne, se borne à trois paillotes, dont une est réservée au télégraphe et les deux autres au résident. La population est un mélange de Cambodgiens, de Chinois,

8

d'Annamites ; tout ce monde travaille pour vivre, mais rien de plus.

Aussi le pays est-il assez pauvre, mais Samboc est un point important pour l'avenir, et, si on en croit les rapports des fonctionnaires, il s'est déjà développé depuis notre passage.

12 *février*.

Une chasse dans l'île de Samboc.

Le matin, de bonne heure, le résident venait nous réveiller ; il nous proposait de faire passer ses linhs annamites dans quelque coin de forêt et de tâcher de nous faire tuer un cerf. La proposition fut accueillie avec joie.

Le fleuve est merveilleux ainsi, sous les rayons obliques du soleil levant ; les îlots qui coupent son cours en mille endroits, dorés par les reflets du matin, avaient quelque chose de féerique. Un grand aigle blanc planait au-dessus de nous, hors de portée de fusil, guettant quelque poisson assez imprudent pour sauter en saluant le jour.

L'île est couverte d'une végétation extraordinaire, et c'est à grand'peine que nous nous frayons passage dans les hautes herbes. Chemin faisant, un magnifique cerf se leva devant nous, disparaissant avant même que nous ayons pu nous reconnaître. Après trois battues infructueuses, après avoir vu plusieurs fois les animaux se dérober entre les batteurs trop peu nombreux et nos postes, nous réussîmes enfin à tuer un jeune conai, c'était des vivres assurés pour plusieurs jours.

Pendant une des battues, j'avais aperçu non loin de moi une panthère ; mais l'animal avait disparu avant même que j'eusse le temps d'épauler mon arme. Cette chasse nous avait pris toute la matinée. Après avoir offert au résident un déjeuner composé de quelques-unes de nos meilleures conserves et les côtelettes choisies du conai, nous reprîmes notre route en pirogues.

Quelques heures après, nous entendions mugir les rapides de Préapatang et nous nous installions sur un banc de sable aux premiers courants.

13 *février*.

Premiers désagréments.

Il est des jours où la fatalité veut que le même désagrément se produise au même moment sous des formes différentes. Cet axiome nous fut prouvé amplement. Nous avions dû passer la nuit blanche, car nous avions fait connaissance avec un nouvel animal, la puce de sable, dont les piqûres lancinantes ne nous avaient laissé aucun repos[1].

[1] On se défend facilement de ce désagrément en couchant sur un lit de camp ; je ne saurais trop recommander cette précaution, car une mauvaise nuit risque souvent de donner des atteintes de fièvre et peut être préjudiciable à la santé.

Couchés au fond de nos pirogues, fatigués par le manque de sommeil, nous voyons nos hommes s'agiter autour des embarcations ; ils s'étaient mis dans l'eau et poussaient de toutes leurs forces les pirogues dont le fond touchait les cailloux et n'avançait qu'en grinçant avec une lenteur désespérante. Mais quels courants autour de nous ! Semblable à un immense torrent, le Mékong coule avec des vitesses extraordinaires, roulant des galets et des quartiers de rocs, bondissant sur les rochers fixes avec un bruit imposant et cela, sur une largeur de près de 1 kilomètre. Sur le sable, au bord du fleuve, se présentaient de nombreuses traces d'animaux, venus pour boire dans la nuit ; mais la chasse est bien difficile de ce côté, les animaux viennent rarement boire au même endroit dans la nappe d'eau immense qu'est le Mékong, et les affûts sont presque toujours infructueux.

Cependant mon ami Herbet nous avait, ce jour-là, assuré notre dîner ; un paon magnifique qui buvait sur la berge avait été abattu par lui avant qu'il ait eu le temps de se glisser dans la jungle épaisse qui couronne les berges[1]. Avec les paons sont apparus

[1] Les paons ont là-bas les mœurs du faisan en France. Pour les chasser, le mieux est de descendre sur les berges vers les quatre à cinq heures, tombée du jour, ces animaux vont au gagnage dans les cultures avoisinantes ; on peut souvent en tuer en les chassant à la façon de nos braconniers de bordures. On en tue le soir aux branchées, c'est la manière la plus facile de s'en procurer. On peut

de nombreux et brillants oiseaux d'eau, qui nous ont fait regretter notre peu de connaissances en histoire naturelle.

A six heures, heure du campement, nous cherchions un endroit commode pour nous arrêter, quand l'un de nous signala plus loin un village.

« Cantonner est toujours plus agréable que de camper à la belle étoile. » Aussi donnâmes-nous l'ordre aux hommes de rallier de ce côté. Des escaliers de bambou conduisaient à une partie plantée en bananiers, c'était d'ailleurs la présence de ces arbres qui nous avait indiqué le village.

A peine mettions-nous le pied sur la berge qu'une bande de poules sauvages[1] s'envolait avec bruit, sans que nous ayons le temps de tirer ; nous lançant à la poursuite des oiseaux, nous ne fûmes pas peu étonnés de tomber dans une végétation inextricable, sauvage, aux épines aiguës. Des lianes et des ronces enveloppaient les malheureux bananiers, les enlaçaient de tous côtés, quelques cases

encore les surprendre en pirogue sur les berges du fleuve. Dans ce cas, il est bon de se munir d'une bonne canardière, car ces animaux sont excessivement durs à tuer. Dans certaines régions, il est facile de tuer dix à quinze paons dans sa journée, si on veut s'en donner la peine. Dans tous les cas, le petit plomb en tête est le meilleur coup et le plus sûr. Le paon constitue un manger délicat et s'assaisonne de toutes espèces de manières (Voir plus haut : Huit jours chez un missionnaire.)

1 Ces poules sauvages sont le jungle-fowl de l'Inde, autrement dit la race de poules naines bien connue dans nos poulaillers et dites vulgairement « petite poule anglaise ».

en ruines émergeaient avec peine du fouillis qui nous entourait, et leurs pilotis en bambous pendaient encore, rongés à la base par les fourmis blanches[1]. Nous nous serions laissés aller sans doute à de sinistres réflexions si un incident du plus haut comique n'était venu couper court aux divagations poétiques qui menaçaient de nous hanter. J'aperçus tout à coup mes amis, les boys, les coolies qui nous guidaient, dansant une sarabande effrénée et se sauvant affolés. A ce moment, je sentis de cruelles piqûres à la poitrine ; cependant aucun insecte ne bourdonnait, aucun animal ne semblait manifester sa présence dans nos vêtements. Ceux qui étaient restés au campement voyaient, deux minutes après, descendre à grands pas six êtres atteints de folie, et, en moins de dix secondes, six corps nus se plongeaient dans les eaux du fleuve en se grattant furieusement.

Revenus de notre première souffrance, nous essayâmes de nous rendre compte d'où provenaient ces piqûres. Parmi les hautes herbes qui envahissaient l'ancien village, il y avait une graine ressemblant à s'y méprendre à une chenille ; quand cette graine pourrit, elle s'épand sur la végétation et par terre. Nos pas faisaient lever les milliers d'aiguilles qui la constituent, et ces aiguilles, pénétrant dans l'étoffe de nos vêtements, dans les pores

[1] Termites appelés aussi « poux de bois ».

de la peau, nous avaient causé ces piqûres subites et l'impression désagréable de se sentir piquer sans savoir d'où cela peut venir.

Mes amis avaient ressenti les premiers la douleur, étant chaussés de souliers bas. Il avait fallu pour moi que les aiguilles entrassent plus haut, mes bottes m'ayant protégé les jambes. C'est ce qui explique la sarabande que je n'avais pu comprendre tout d'abord.

Du coup, nous quittâmes ce lieu inhospitalier pour nous installer sur un banc de sable au milieu du fleuve, dans un délicieux campement.

Faisant le tour du rocher sur lequel nous étions et où s'était déposé le sable[1], j'entendis un bruit semblable au bourdonnement d'une ruche d'abeilles ; cependant ce bruit partait du rocher même sur lequel j'étais assis et semblait sortir du sein des eaux.

Un animal de forte taille seul pouvait produire un semblable bruit, et son ronflement était sonore ; cherchant de tous côtés, jusqu'à la surface des eaux, je ne pus rien apercevoir et ne pus trouver la cause de ce que j'entendais.

Quiconque a voyagé sur le Mékong a entendu ce

[1] Ceci explique la formation des îles du Mékong. Un rocher assez gros arrête le sable et les limons entraînés par le fleuve en saison des pluies. Peu à peu des terrains alluviaux se forment, la végétation apparaît, et des îles se constituent, belles et fertiles en quelques années.

bruit; il a été remarqué avant nous, et plus tard nous en connûmes la cause. Ce sont des myriades de petits poissons gros comme des goujons qui, par le frottement simultané de leurs nageoires sur les parois du roc, parfois sur les pirogues, produisent ces murmures. On ne les entend généralement que vers le soir, de six à sept heures.

La nuit nous apportant le calme et le repos, nous pûmes faire des rêves dorés et nous croire dans un bon lit, avec l'illusion d'avoir passé la nuit et la journée précédentes dans une auberge en Auvergne, au milieu des punaises.

14 février et 15 février.

Vie monotone. — Un campement mal choisi.

Une malle entre les jambes, nous écrivons, lisons, dormons, prenant des crampes à rester immobiles sous la mauvaise paillote qui couvre notre embarcation. Quand l'un écrit, l'autre doit se tenir à l'entrée, les jambes exposées au soleil; la position n'est pas des plus confortables, avec cela, l'air manque et des odeurs de poisson pourri qui sert de nourriture aux coolies nous montent parfois aux narines, impressionnant désagréablement notre odorat. Telle est la vie que nous menons sur les pirogues qui nous transportent; si l'apparition de quelque gibier n'était venue, de temps à autre, rompre la monotonie de notre existence, je crois que nous serions morts d'ennui. De nombreux vanneaux à éperons animaient heureusement les berges du fleuve, nous permettant de nous délasser en tirant quelques coups de fusil.

Le 15 février au soir, nous abordions un mauvais village, si sale qu'aucun de nous ne se souciait d'y coucher ; malgré les protestations de notre monde, nous voulûmes aborder un banc de sable récemment découvert par la baisse des eaux et entouré de mares où plongeaient encore de gros troncs d'arbres entraînés là-haut par les courants de la saison des pluies. Certains semblaient venir de bien loin et avoir flotté longtemps, arrêtés des semaines dans les branches de quelque autre géant de la forêt. Nous avions relevé de nombreuses traces de tigre autour des mares, aussi nos hommes paraissaient-ils inquiets. Ils avaient allumé de grands feux et planté en terre un immense bambou qui flambait comme une torche, éclairant le campement de lueurs rougeâtres et irrégulières. Roulés dans nos couvertures, nous cherchâmes à dormir, mais bientôt une humidité pénétrante envahit nos membres, nous forçant au réveil. Au moment où je m'étirais, nos feux de bivouac lançaient leurs dernières lueurs, éclairant nos hommes endormis dans leurs couvertures de toile blanche. Autour de nous, c'était un concert effrayant suivi d'un silence mortel; tantôt on entendait le souffle puissant du poisson souffleur suivi du clapotis d'eau occasionné par son plongeon; puis les hou-hou sinistres de quelques hibous se répondaient d'un côté à l'autre du fleuve, bien faibles lorsqu'ils arrivaient de la rive opposée. Près de nous, le rire moqueur du macaque se fit entendre, nous prévenant qu'un fauve se glissait dans la jungle, rôdant autour de nos feux. Enfin, de l'autre côté de la rivière, la puissante voix du tigre se répercutait dans les échos de la forêt. Perdu en contemplation des beautés de la nuit tropicale, étendu près d'un feu que j'avais fait allumer, je fumais lentement une cigarette, d'assez mauvaise humeur de ne pouvoir dormir. L'eau d'un thé que je me préparais bouillait avec un doux murmure, lorsque je fus rejoint par mes camarades qui, comme moi, ne pouvaient plus supporter le froid. Alors, autour du feu, enveloppés dans nos couvertures de voyage, nos chapeaux mous sur la tête, avec nos barbes incultes, nous ressemblions à une bande de brigands attendant les voyageurs. Peut-être ici les attendrions-nous jusqu'aux hautes eaux au passage du *Bassac*.

Si nous avons passé cette nuit dans d'aussi mauvaises conditions, la faute nous était bien imputable. Il faut toujours choisir, pour camper, des bancs de sable dont les eaux sont bien complètement retirées et éloignées de toute végétation. Nous payâmes ce jour-là de ce désagrément notre manque de connaissance des voyages dans l'intérieur.

16 *février*.

Arrivée à Stung-Treng.

Les habitations deviennent plus nombreuses, la région de Stung-Treng est plus habitée que la partie que nous venions de traverser. C'est que les rapides de Préapatang gênent les communications, et les villages n'arrivent pas à se placer près des rapides trop longs et trop difficiles. Cependant il est à remarquer que presque toutes les agglomérations aiment les courants d'eau vive et sont rarement placées sur le bief même, mais aux extrémités, à moins d'avoir affaire à un bief très long. La raison en est évidemment une raison d'hygiène. Nous étions arrivés la veille à un village assez important nommé Tarkentoc, à quelques milles au sud de Stung-Treng ; pittoresquement juché sur les rives du Mékong, élevées bien au-dessus de nous en cette saison, Tarkentoc, perdu dans ses bananiers, avait quelque chose d'attrayant, et nous eussions pris plaisir à y débarquer si un spectacle répugnant ne nous en avait écartés avec horreur. Une dizaine de vieilles femmes, nues, ridées, semblables aux Gorgones de l'antiquité, s'agitaient frénétiquement en brassant dans des pirogues hors de service un liquide verdâtre qui répandait une odeur infecte.

Nous connaissions cette abominable cuisine pour l'avoir fleurée, hélas! plus d'une fois. Nos mégères trituraient la fameuse sauce au poisson pourri, qui, si elle n'est pas désagréable au goût, n'a rien d'attrayant dans sa préparation. Tarkentoc est placé à l'extrémité de l'île qui précède Stung-Treng; en quelques heures nous devions atteindre ce point et changer de pays comme d'administration. Stung-Treng, en effet, fait partie du Bas-Laos, et au lieu de résidents, c'étaient des administrateurs qui gouvernaient alors les provinces[1].

Stung-Treng est un gracieux village aux coûhas nombreuses et bien construites. Traversé par une large rue bordée de cocotiers, il domine le confluent du Mékong et de la Sé-Khong, c'est-à-dire une nappe d'eau de plus de 5 kilomètres de largeur. Ici, contrairement aux habitudes cambodgiennes, les pagodes sont peu fréquentées, construites d'une façon plus rudimentaire; elles sont habitées par des

1 Un nouveau corps de fonctionnaires coloniaux a été institué au Laos depuis, les « commissaires du Gouvernement » : on ne conçoit guère pourquoi ce titre spécial ? — Les commissaires du Gouvernement ont charge d'administrateurs, mais ils sont pris généralement un peu au hasard, sans examen, par un choix basé le plus souvent sur le favoritisme. Alors que ces fonctionnaires, tout-puissants dans l'intérieur, dans un pays non organisé, devraient être choisis parmi les vieux coloniaux ayant fait leurs preuves, ce sont, pour la plupart, ou des jeunes gens inexpérimentés, ou des anciens coloniaux peu cotés dans l'administration. Ce n'est pas avec de tels représentants que nous pourrons opposer aux Siamois une politique ferme et digne et que nous relèverons le Laos de ses ruines.

bonzes moins savants, moins actifs, partant moins respectés. Comme le Cambodgien, son proche parent, le Laotien du Bas-Laos est de nature paresseuse, mais il est peut-être encore plus rêveur, plus porté vers les femmes et la poésie. Sa civilisation a dû être autrefois plus raffinée, mais moins organisée. Les filles laotiennes sont jolies, et, si elles ne chiquaient pas le bétel, leur sourire serait agréable ; un petit toupet placé sur le côté de la tête et une fleur plantée dans le chignon constituent pour elles un ornement coquet, qui achève de leur donner un air bien plus femme ; c'est un véritable contraste avec la Cambodgienne ou la Siamoise, dont les cheveux, coupés en brosse rude, semblent plutôt faits pour enlever des toiles d'araignées que pour séduire.

M. F*** était alors administrateur à Stung-Treng ; il nous reçut fort bien, et nous apprîmes, non sans joie, que deux administrateurs, MM. Ruhle[1] et B***,

[1] M. Ruhle, ancien administrateur, était le fondateur du poste d'Attopeu. A son instigation s'est fondée la Société des mines d'Attopeu, dont la concession s'étend jusqu'au plateau des Banhars à l'heure actuelle et a fait l'objet des dernières explorations de l'ingénieur des mines bien connu, M. Bel. Quelque temps après son retour avec nous à Attopeu, alors qu'il commençait ses travaux de recherches des gisements aurifères de la Sé-Kéman, M. Ruhle trouva la mort dans un des nombreux rapides de la rivière. La colonie a fait ce jour-là une grande perte. M. Rulhe était un colonial énergique, honnête ; il s'était adonné à la poursuite de son idéal avec une résolution des plus louables, rêvant pour la province d'Attopeu une richesse que ses efforts constants et sa volonté lui auraient peut-être donnée.

se rendaient à Attopeu pour prendre définitivement possession du poste au nom de l'Administration. Nous en étions à cette période de notre voyage où l'on ne sait guère de quel côté se diriger, une occasion unique se présentait à nous de faire route en agréable société. M. Ruhle était très connu en Indo-Chine pour sa grande compétence coloniale et son énergie : nous mettre sous ses ordres, faire partie de son expédition, c'était voyager à bonne école, aussi décidâmes-nous avec enthousiasme de pousser avec son expédition jusqu'à Attopeu.

CONSIDÉRATIONS GÉNÉRALES SUR LE CAMBODGE

Pour résumer la traversée rapide que nous venons de faire du Cambodge : deux richesses font vivre ce pays, l'industrie du poisson et la culture du coton. On a malheureusement laissé tomber l'élevage, qui était autrefois la grande industrie des régions du Mékong. La disparition du bétail dans le pays n'est venue que de la vente avantageuse trouvée à Saïgon par les Cambodgiens : jusqu'aux animaux reproducteurs ont été vendus. On s'est beaucoup servi là-bas de cette diminution de l'élevage au Cambodge à l'appui de la théorie protectionniste des droits de sortie. Aucun droit, à notre avis, n'aurait arrêté un mouvement qui venait de l'apparition rapide d'une forte colonie européenne en Cochinchine. Il fallait que la Cochinchine se ravitaillât ; si les droits avaient été trop onéreux, dès le début le commerce Birman se serait introduit en concurrence avec celui du Cambodge, comme cela existe aujourd'hui. Il n'y aurait, pour remédier à cet état de choses, qu'un système : favoriser l'installation d'un colon éleveur là-bas.

La question d'administration est aussi pour beaucoup dans le pays, où la hiérarchie sociale est encore très respectée, il faut donc, pour le Cambodge, choisir spécialement les fonctionnaires, car les mandarins n'oseront jamais faire, comme en pays annamites, leurs observations sur les nouvelles réformes fiscales que peuvent tenter nos représentants.

Le commerce du poisson, qui est la plus importante richesse du pays, n'est malheureusement pas le monopole absolu du Cambodge : à la saison sèche, le Tonlé-Sap n'étant plus navigable jusqu'au fond, une grande partie des produits de la pêche est emportée sur les marchés de Bang-Kok par des caravanes partant de Battambang. Cette province, très riche par elle-même, est une vieille province cambodgienne qui est aujourd'hui dans notre sphère d'influence ; il serait certes utile de la relier par une voie de communication commode à Pnom-Penh, le commerce serait ainsi amené toute l'année sans difficulté à son port naturel, Saïgon, et le trafic de la Cochinchine en profiterait. Mais la crainte de difficultés avec le Siam, le peu de confiance des capitaux français, lorsqu'il s'agit de questions reposant sur la politique extérieure (et nous ne saurions leur donner tort) sont là deux obstacles qui arrêteront longtemps bien des progrès dans notre Indo-Chine française.

CHAPITRE III

LAOS

17 *février*.

Départ de Stung-Treng.

A midi, après un confortable déjeuner à l'Inspection, nous montâmes dans les cinq pirogues destinées à nos deux expéditions fusionnées à destination de Bassac. Notre bande se composait alors de MM. Ruhle et B*** et d'un officier d'infanterie de marine, qui devait prendre le commandement du poste militaire d'Attopeu, M. C***.

Les courants étant moins rapides entre Stung-Treng et Bassac ; nos hommes avaient organisé un système de promenoir assez curieux autour des pirogues. Ce promenoir leur permettait de pousser à la gaffe en avançant d'un bout à l'autre de l'embarcation, sans gêner en rien le voyageur à l'intérieur.

Les sites se présentent de ce côté les mêmes que

plus bas, tantôt nous traversions des sortes de grands lacs, tantôt d'étroits passages ou des rapides bruyants, tantôt encore des forêts inondées. Le pays est cependant un peu moins plat de ce côté ; les premiers contreforts des montagnes apparaissent à l'horizon, c'est le pays des Pnoms, ces montagnards farouches que l'Européen n'aborde pas facilement et que l'on croit être les autochtones de cette partie de l'Indo-Chine.

Nous avions aperçu à Stung-Treng quelques-uns de ces Pnoms. Le regard farouche, l'air sauvage, ils circulaient dans la ville avec cette confiance que donne la force musculaire à l'homme primitif; ce sont de vigoureux gaillards dont on peut facilement juger des formes, vu la simplicité de leur costume, un simple pagne roulé et passé entre les cuisses venant s'attacher en ceinture autour du corps.

Le Mékong présente, de Stung-Treng à Khône, l'aspect qui le caractérise généralement plus bas, une suite d'îlots coupés de rapides, de larges biefs et une quantité de petits affluents dont les rives étroites et abruptes se noient dans la végétation et ne s'abaissent à l'embouchure que pour se diviser en plusieurs branches au milieu des sables et des palétuviers à demi submergés.

C'est un de ces bancs de sable, plus élevé et plus sec que les autres, qui nous servit de maison pour la nuit.

NOTRE CAMPEMENT. — LEVÉE DU CAMP (KIENG-KUONG).

18 *février*.

Les oiseaux du Mékong.

On ne peut s'imaginer la multitude et la variété des oiseaux dans cette partie du Mékong, et leur beauté le cède peu à leur nombre. Beaucoup rappellent, par leur forme, nos oiseaux de France, et il est bien rare de tuer deux fois le même ; ce matin nous avions pu admirer un superbe martin-pêcheur de la grosseur d'un pigeon que je tirai pour l'étudier. Cet oiseau avait la gorge orange, la tête gris de fer, le corps bleu foncé et la queue bleu clair, les pattes rouges et un long bec, rouge également. Tous ces oiseaux semblent se complaire spécialement dans les parties de rapides, et nous eûmes, ce jour-là, à en passer plusieurs non sans difficultés, car nos hommes durent nous haler à la cordelle et nous pousser à bras avec beaucoup d'efforts et surtout beaucoup de cris.

19 *février*.

Un coup de carabine qui n'est pas celui d'un vieux trappeur.

Chaque jour, à l'arrêt du déjeuner, nous nous livrions à la chasse en attendant que notre boy eût préparé le festin sur le sable entre quatre pierres. Depuis quelques jours, je remarquais, plus nombreuses sur les berges, des traces de crocodiles ayant dormi sur le sable. Ce jour-là, je ne sais quelle intuition de chasseur me poussant, je déclarai gravement à un ami que je ne tuerais « pas moins d'un crocodile aujourd'hui », et, jetant ma carabine sur mon épaule, je partis en campagne, m'éloignant le plus possible de nos amis, dont la fusillade nourrie poursuivait de pauvres oiseaux d'eau. Naturellement, je n'eus jamais plus de chances à la bécassine et au canard, j'en levais à tous les pas, mais mon 577 express méprisait pareil gibier. Il ne l'eût d'ailleurs pas méprisé que son patron eût été bien incapable de s'attaquer avec cette arme à des buts aussi fuyants.

Cependant, piqué d'honneur, j'avais juré de trouver mon crocodile; plusieurs sauriens s'étaient chauffés au soleil le long des mares perdues dans les palétuviers, et je me glissai silencieusement, inspectant avec soin les berges et tressaillant à chaque tronc d'arbre poudreux que je voyais s'allonger à demi submergé. Par instants, j'étais obligé de m'écarter des rives, coupé par de véritables haies de palétuviers. Tout à coup, je m'arrêtai plein d'émotion, une énorme tête surgissant de la bordure d'arbustes d'une mare fangeuse, c'était bien là la forme d'un saurien dormant sur le sable ; il était immobile, l'œil fermé, bien peu différent comme couleur des troncs d'arbres apportés par le fleuve et à une distance de huit pas de moi. Passant avec précaution le canon de mon arme à travers les branches, je pressai sur la détente. Une violente détonation éveilla les échos du fleuve et je pus voir la tête de l'animal, violemment projetée de côté, présenter une blessure béante. Une seconde balle pour assurer ma proie, et je faisais retentir l'air de cris de victoire, enchanté d'étonner mes compagnons par mon habileté de trappeur. Le fait est, me disais-je, qu'on est rarement mieux servi par la chance.

Devinant que j'avais pris quelque animal de grande taille, mes compagnons arrivèrent en courant, accompagnés de plusieurs Laotiens, et bientôt je commençais avec volubilité le récit de ma chasse, mes émotions de voir l'animal s'éveiller et plonger, enfin, le coup final couronné de succès. « Mais, dit « tout à coup une voix calme derrière moi, le cro- « codile était mort depuis longtemps! » Un seau d'eau froide jeté sur ma tête à ce moment ne m'eut pas produit plus d'effet. De fait, en remémorant les péripéties de ma chasse, j'étais étonné de l'aspect du crocodile, ses dents qui m'avaient paru verdâtres, son immobilité malgré quelques craquements de branches que mes pas, peu habitués alors à la chasse dans la brousse, n'avaient pas manqué de laisser entendre, tout cela semblait donner raison à l'affirmatlon que venait de donner le brave lieutenant G***, bien habitué à la vie en forêt. Mes soupçons se changèrent bientôt en certitude lorsque, les Laotiens tirant à terre la partie du corps immergé de l'animal, une odeur cadavérique se répandit, et nous fûmes obligés de nous écarter avec dégoût. O désillusion pour ma vanité de chasseur ! Ce crocodile a été un de mes déboires cynégétiques les plus cuisants. J'ai su plus tard qu'il arrivait souvent de retrouver sur les berges des crocodiles morts ; on sait que leur immobilité dans le sommeil les a souvent fait prendre pour des troncs d'arbres, et plusieurs chasseurs, en Indo-Chine, ont eu à rire de semblables aventures.

Repartis après un déjeuner, où je dus subir quelques pointes de la part de mes amis, nous continuâmes notre belle, mais un peu monotone navigation vers Khône.

20 *février*.

L'île de Khône.

Le pays se présentait plus montagneux, nous approchions de Khône; mais l'île paraissait fuir devant nous, et ce n'est qu'à sept heures que nous pûmes l'atteindre. Un kilomètre environ avant d'arriver, nous avions rencontré la pirogue du commissaire de la Marine, prévenu télégraphiquement par M. Ruhle de notre arrivée prochaine. Car le télégraphe était alors établi jusqu'à Ban-Muong, où nous avions un poste de troupes (légion étrangère)[1]. Après avoir fait monter nos bagages par les coolies du chemin de fer sur les berges abruptes que laisse le fleuve à la saison sèche, nous pûmes apercevoir une pauvre caûha que l'on a décorée du nom de « station », une voie de 1 mètre, sur laquelle circulent deux wagons-plate-formes ; ce tout constitue le fameux chemin de fer de l'île de Khône. Cependant on est étonné de la force de persévérance qui nous a permis de vaincre un obstacle pareil, pour transporter notre pavillon jusque sur le Haut-Mékong[2]. Juchés tant bien que mal sur une des

1 Aujourd'hui le poste a été remplacé par un poste de garde indigène, et le télégraphe a rejoint la ligne de Savonnakhek.

2 On se souvient que les deux vapeurs *Colombert* et *Trentinian*, destinés à assurer le service du Haut-Mékong, furent transportés au moyen de plates-formes et des wagons spéciaux qui avaient servi aux canonnières *Massée* et *la Grandière*. Le *Massée*, désarmé, fait actuellement partie de la flotte des Messageries fluviales, dont le contrat est réglé ainsi qu'il suit dans ses grandes lignes :

ESCALES DE :	A :	DISTANCES EN MILLES	OBSERVATIONS
Kratié	Khône	...	Vapeur en saison des pluies,
Khône	Bassac	65	— — —
Bassac	Pac-Moun	38	— — —
Pac-Moun	Khemmarat	71	Pirogues en tout temps.
Kkemmarat	Ban-Mouc (Savonnakhek).	42	Vapeur en saison des pluies.
Ban-Mouc	Pac-Kam	22	Vapeur en toute saison.
Pac-Kam	Pac-Si	2	— — —
Pac-Si	Lakhône	30	— — —
Lakhône	Hâ-Dé	15	— — —
Hâ-Dé	Outhène	3	— — —
Outhène	Saniaboury	10	— — —
Saniaboury	N'Kha-Dinh	50	— — —
N'Khâ-Dinh	Pat-Choum	21	— — —
Pat-Choum	N'Mang	28	— — —
N'Mang	Pou-Pissay	37	— — —
Pou-Pissay	Noug-Kay	20	— — —
Noug-Kay	Vieu-Tiane	23	— — —

plate-formes, nous partîmes, poussés par une trentaine de coolies ; ce sont eux qui servent de machine au chemin de fer, et, à certaines rampes, on pourrait craindre de voir tout à coup les forces leur manquer et le wagon retourner en arrière, en faisant une bouillie de sa force motrice. Le trafic des deux wagons est assez considérable, nous dit le commissaire, lorsque *Le Bassac* vient à Khône, en saison des pluies. Mais ce mouvement commercial est purement alimenté par le ravitaillement des troupes et ne peut guère être compté comme un progrès vers la mise en valeur du Bas-Laos. Il est certain qu'un pareil transbordement est beaucoup trop incommode pour être utilement employé par le commerce. Néanmoins, l'entretien du chemin de fer de Khône s'impose. Grâce à lui, nous avons pu établir la navigation à vapeur dans le bief de Vien-Tiane (Haut-Mékong), seule partie (600 kilomètres) réel-

ESCALES DE :	A :	DISTANCES EN MILLES	OBSERVATIONS
Vieu-Tiane	Sampana	19	Pirogues.
Sampana........	Xieng-Khan	53	—
Xieng-Khan.....	Pak-Lay...............	33	—
Pak-Lay........	Pak-Noun...............	70	—
Pak-Noun.......	Luang-Prabang.........	55	—

La compagnie est tenue de faire cinquante-deux voyages par an et reçoit de la Chochinchine 5 fr. 50 de subvention *par mille parcouru.*

L'administration doit s'occuper des travaux et n'en exigera jamais pour plus de 500.000 francs ; le reste sera à sa charge.

lement navigable de tout le fleuve depuis Kratié.

Le chemin de fer traverse une forêt merveilleuse, des arbres énormes s'élèvent de chaque côté de la voie, la couvrant d'une ombre épaisse; ils permettent, par la fraîcheur qu'ils donnent, d'obtenir des vitesses relativement convenables des moteurs humains que l'on emploie.

Le soir, arrivés à Khône-Ouest, terminus du chemin de fer, nous étions réunis, huit Français à la même table, et devisions gaîment du pays avec ce feu de discussion qui anime toujours la question épineuse de la politique.

21 *février*.

Khône-Ouest.

Il ne nous avait pas été possible jusqu'ici de nous rendre un compte exact de ce qui constitue à Khône l'impossibilité de passer même en pirogues Le commissaire de la Marine voulut bien se faire notre guide, pour nous montrer les chûtes qui se présentent là, comme l'obstacle infranchissable à toute navigation pratique sur le Mékong.

Le Mékong se divise, à Khône, en très nombreux bras en saison sèche; en saison des pluies, ces bras se confondent en deux ou trois.

On peut facilement se rendre compte, en saison sèche, que le nombre des rochers et leur irrégularité, ainsi que la violence extrême des eaux, rend toute navigation utopique en cet endroit.

C'est à Khône que vint se présenter pour la première fois à notre observation les inconvénients de cette délimitation franco-siamoise par le cours du Mékong : « Il sera fort difficile, nous disait le « commissaire chemin faisant, d'obtenir quelque « effort des populations ici, pour utiliser, d'une « façon réellement pratique, le chemin de fer de « l'île. Si les Laotiens de notre rive sont assujettis « au moindre travail pénible, nous ne tardons « pas à voir diminuer les villages, les habitants « s'écartent de nous et vont peupler la rive sia- « moise, d'où généralement ils ne reviennent plus, « surveillés de près par les commissaires siamois « et terrorisés par eux. » C'est ainsi que les Français établis au Laos ne songent qu'à faire la vie aussi douce que possible aux habitants ; malheureusement ceux-ci ne sont rebelles qu'à une chose, « le travail ». Avec de tels procédés et dans une telle situation, la mise en valeur de ces régions paraît bien difficile[1] !

Pauvre Khône ! nos compatriotes l'ont doté d'un

1 Le *Siam Free Press* du 26 avril 1895 disait, à propos de l'enthousiasme soulevé dans la colonie par l'occupation du Laos : « Les enthousiastes oublient, dans leurs calculs, que même si « le Mékong était facilement navigable, nous doutons qu'il le « devienne, il y a peu d'habitants sur ses rives, et les intérêts « français ne peuvent guère s'attendre à en tirer quelque profit, « excepté pour les fonctionnaires envoyés au Laos. »

HONG. — RÉSIDENCE DU COMMANDANT.

triste surnom « Khône-la-Mort ». Si encore ce surnom était mérité, mais en consultant sérieusement le lieutenant d'infanterie de marine commandant le poste, celui-ci m'a assuré que l'île jouissait d'une réputation surfaite et qu'il préférait son climat à celui de Rochefort.

C'est en devisant ainsi sur les destinées de la France au Laos, en souhaitant à notre pays une politique d'esprit de suite, une diplomatie énergique et pouvant s'occuper activement et efficacement de la mise en valeur des riches terrains riverains du Mékong, que nous atteignîmes un point de la forêt où les arbres disparaissaient subitement. Un profond ravin aux rochers noirs et sauvages, d'une largeur de plus de 800 mètres, s'ouvrait devant nous : on se croirait subitement transporté aux portes des enfers ; là un bras du Mékong coule, en cette saison, en maigre cascade, se perdant dans le cahos des rocs qui forment le fond du ravin. Des faucons charognards tournoient au-dessus de l'abîme et de grands marabouts immobiles semblent faire corps avec les rochers du bas, s'écartant soigneusement de la verdoyante forêt qui couronne les crêtes et semble vouloir faire oublier la sauvagerie du site. En saison des pluies, cette solitude silencieuse prend vie, les eaux jaunâtres du fleuve s'élancent bondissantes sur les rochers, avec un bruit de tonnerre et une force terrible qui creuse et rend plus effrayant encore, l'année suivante, le gouffre que nous avions sous les yeux.

Plus loin, traversant par un sentier de forêt, nous arrivions à une petite anse de sable fin, c'est la baie « Marguerite », du nom de Mme de V***, la femme du résident supérieur au Cambodge, en souvenir de son passage de ce côté.

Au retour, nous jetions un nouveau coup d'œil sur le chemin de fer de Khône : la voie, bien établie, permettrait un moteur plus perfectionné que les coolies, difficiles à trouver, vu l'extrême paresse des Laotiens. Une machine s'impose si l'on veut que le trafic soit facilement exercé d'un côté à l'autre des chutes; un téléphone reliant les deux stations préviendrait des départs et des arrivées des trains et des convois. Malheureusement, dans toutes les tentatives coloniales nos installations n'ont toujours été que des demi-mesures, et ce n'est qu'en offrant des moyens de transport très perfectionnés et les plus grandes facilités qu'on peut aujourd'hui développer le commerce. Un tour au potager de ces messieurs nous fit le plus grand plaisir. Là nous retrouvâmes tous les légumes de France, qui viennent fort bien et vite. Avec quelques sacs de graines envoyés régulièrement, les postes se ravitaillent de fraîches salades et de pommes de terre; il n'est pas jusqu'aux honnêtes choux qui croissent et promettent de bons potages. Aussi nos compatriotes, là-bas, sont tous plus ou moins maraîchers et s'ingénient à soigner de leur mieux la future provende qui leur apporte la santé et les forces.

21 *février*.

Les chûtes de Khône-Sud.

Près du poste, il nous restait encore à visiter les chûtes de Khône-Sud. Après une heure et demie de route sur la route Puységur, nous arrivâmes à une chûte moins importante en cette saison que celle de Khône-Ouest, mais dont les courants sont plus violents encore en saison des pluies. C'est là que le malheureux officier qui a donné son nom à la route trouva la mort avec quinze de ses hommes. A cette époque de l'année les courants sont faibles, et nous pûmes prendre en cet endroit un bain frais et délicieux.

On peut se rendre compte par ce détail des différences qui existent dans le régime des eaux suivant les saisons et comprendre d'où vient la difficulté d'établir une navigation fluviale régulière sur le Mékong.

22 *février*.

Départ de Khône-Khong.

Notre départ fut regretté; cependant nous ne pouvions rester plus longtemps au milieu de nos nouveaux amis, notre but n'était-il pas la route d'Attopeu, moins connue et digne de plus amples observations ! Une petite pirogue portant à son arrière le pavillon français nous fit escorte. Le commissaire de la Marine et le lieutenant voulurent nous accompagner un bout de chemin. Le fleuve a, en cet endroit, un aspect riant, ce sont des îlots couverts d'une végétation florissante, où des oiseaux nombreux révèlent leur présence par mille chants différents, un de ces petits coins de Paradis terrestre que connaissent bien ceux qui ont visité les régions tropicales. Quelques heures de marche, et nous arrêtâmes à une bonzerie. Endormis dans des positions diverses, accroupis à l'ombre, les bonzes nous regardaient prendre notre repas matinal. L'indolence de ces derniers fait contraste avec l'activité des prêtres cambodgiens. Leur vertu, paraît-il, se ressent de cette indolence, aussi leur influence est-elle bien moindre qu'au Cambodge.

A quatre heures et demie, nous atteignions Khong et étions reçus par l'administrateur, M. F***.

Poste militaire important, cette année-là, Khong méritait une visite et un repos de vingt-quatre heures, aussi décidâmes-nous de tout voir en détail le lendemain.

23 *février*,

Le port militaire de Khong en 1894.

Il y avait à Khong des forces militaires assez

importantes pour le pays. A peine installé au Laos, sans cesse menacé par les incursions des Siamois à la recherche de main-d'œuvre et d'esclaves, le Gouvernement avait été forcé d'envoyer là-bas une compagnie de légion étrangère avec détachements à Bam-Muong et à Muong-Sien ; une compagnie de tirailleurs annamites complétait l'effectif et renforçait d'un poste le détachement de Bam-Muong. Un chef de bataillon, le commandant B***, commandait en chef le poste de Khong et ses détachements. Ainsi, à ce moment, on croyait encore imminent un conflit avec le Siam. Beaucoup de nos politiciens, et des plus autorisés, avaient su faire valoir l'inanité de cette frontière du Mékong, si déplorable pour le développement du Laos. A tout instant, nos braves militaires se préparaient à nous gagner ces frontières, dignes de l'empire indo-chinois que notre politique coloniale semblait rêver. Hélas ! ces hommes, entretenus dans des postes mal établis, ont souffert pour rien ; nous en sommes en 1898, au point où nous en étions en 1894, et notre sphère d'influence n'est déterminée que par une convention anglo-française dont on attend impatiemment la réalisation. Les forces de Khong ont été rappelées ; toute idée d'expansion a été écartée, et le Laos restera ce qu'ont été bien de nos œuvres coloniales, une belle tentative qui n'a pas su être menée à bout, partant sans valeur aucune !

Pour nous rendre à Attopeu, l'achat de moyens de locomotion s'imposait, et nous tombions dans des circonstances favorables. A une heure environ du village, faisait halte depuis deux jours une caravane birmane transportant des chevaux au Cambodge. Cent chevaux environ stationnaient dans une clairière; il y avait aussi des petits bœufs à bosse, race bien connue au Laos. D'abord nous dûmes essuyer un refus des vendeurs, c'est toujours ainsi que procèdent les indigènes du Laos comme ceux de Birmanie ; ils n'ont généralement qu'une médiocre confiance dans l'Européen au point de vue du paiement et détaillent rarement leurs animaux à des blancs. Après avoir choisi quatre juments, dont une nous fut cédée avec son poulain, le tout pour le prix relativement modique de 15 piastres pièce, nous revînmes au camp triomphants. Nos bêtes n'étaient guère brillantes, mais nous avions choisi de notre mieux. Un peu plus grands que les chevaux du Cambodge, ceux-ci nous paraissaient fort bien, et nous ne fûmes pas peu déconfits de l'éclat de rire que provoqua notre cavalcade à son retour dans la ville. Les femmes laotiennes surtout nous montraient au doigt et riaient d'une façon des moins respectueuses, découvrant de vilaines dents rougies de bétel. Notre apparition ne provoqua pas un moindre rire du côté européen. Qu'avions-nous donc de grotesque, il est vrai que sans selle, assez mal assis sur la maigre échine de nos montures, nous devions avoir piteuse mine, mais on n'est pas difficile au Laos. Nous aurions pu chercher longtemps et ne jamais trouver.

La raison était simplement que là-bas, monter une jument est absolument hors d'usage; le cheval seul est digne du cavalier, et le Laotien considère comme parfaitement ridicule et même inconvenant de la part d'un homme qui se respecte de se faire transporter à dos de jument.

Le ridicule nous parut être du côté de ce préjugé, et nous osâmes décréter qu'au risque de faire la joie des populations nous conserverions nos nouvelles acquisitions.

La présence de cette caravane birmane ne fut pas sans attirer de notre part quelques questions :

« Les Birmans, nous dirent ces messieurs (et j'ai « pu l'observer depuis dans nos voyages postérieurs) « les Birmans descendent du Nord par la vallée du « Mékong à la belle saison ; ils vont souvent jus- « qu'à Saïgon vendre les produits de leur élevage ; « ceux-ci, malgré la fatigue de la route, se vendent « bien, vu la pénurie d'élevage de toute la région que nous occupons. » Et cependant que de belles et riches prairies au Cambodge dans le Bas et dans le Haut-Laos. Combien il serait facile de s'affranchir de ce tribut payé aux colonies anglaises. L'élevage n'est-il pas le début de toute colonie agricole, quels résultats superbes on pourrait en obtenir, si toutefois il était possible de gouverner et de commander au Laos et d'assurer ainsi la tranquillité et l'activité fructueuse aux colons. Le soir, le chef de la caravane birmane venait au village acheter quelques menus objets chez le Chinois. Nous pûmes l'observer à loisir. C'était un beau type d'homme, grand et fort, la tête couverte d'un turban ; une vaste ceinture couvrant son ventre complétait un petit caleçon court et une veste boutonnée sur le côté. A son épaule était suspendu un sabre à moitié recourbé et à poignée droite; il marchait ainsi en tête de quelques hommes armés de fusils à pierre de pacotille anglaise portant la marque « tower », très répandus sur les marchés asiatiques. Les Laotiens, naturellement amateurs de chasse, achèteraient facilement des fusils de ce genre et les paieraient assez cher ; mais, dans le Bas-Laos, le port des armes est interdit, et, de ce fait, la vente des fusils est prohibée. Aussi les Laotiens traversent-ils le Mékong pour acheter en pays siamois les articles anglais que nos lois françaises les empêchent de trouver.

Le soir, après dîner, nous allâmes rendre visite au commandant B***, et les yeux se sont portés plus d'une fois sur cette autre rive si convoitée pour l'avenir du Laos. Nous ne nous doutions guère à ce moment que quatre ans plus tard je serais forcé de constater que les progrès de notre influence et de notre expansion en sont restés à ce détestable état de choses.

23 *février*.

Un poste militaire dans le Bas-Laos.

Le clairon français sonna pour nous le réveil ; ce n'est jamais sans une certaine émotion qu'on l'entend résonner loin du pays, surtout quand l'écho qui l'apporte est la rive droite du Mékong, d'où nous sont venus tant d'outrages.

Levés à la hâte, nous étions cependant debout après les soldats, car nous ne tardâmes pas à rencontrer à quelques pas de la Résidence plusieurs légionnaires à demi-nus, travaillant à une blanchisserie qu'ils construisaient à ce moment sur les bords du fleuve avec des bambous entrelacés. Nous les considérâmes assez longtemps, la plupart peu atteints par le climat, ils présentaient des torses vigoureux ; malgré les premières ardeurs du soleil, ils travaillaient en chantant et riant de cette gaîté française que semble leur avoir appris le pavillon sous lequel ils servent. Rudes soldats et bons garçons, ils paraissent avoir été tous élevés dans le même esprit et, cependant, si l'on fouillait dans le passé qui les a amenés à Khong, on trouverait bien des existences agitées, des aventures romanesques, souvent mêmes terribles. Sous la passive discipline de l'armée, tout a disparu, et si un rêve est resté à quelques-uns, c'est celui de laver un honneur, parfois attaqué, par des hauts faits dignes des preux chevaliers d'autrefois.

L'œuvre à la fois pratique et philosophiquement élevée de cette institution apparaît plus que jamais dans les postes éloignés de nos colonies, et, nous pouvons bien le dire, sans risquer d'être traité de chauvin, elle émane de cet instinct vraiment français : « tout pardonner pour une action héroïque ».

Le commandant Bérard ne tarda pas à nous rejoindre et voulut bien nous faire les honneurs du poste. Quoique assez inconfortable en saison des pluies, les cases étant construites sur terre battue et à peine élevées au-dessus du sol, celui-ci ne paraît pas être un des plus malsains, le docteur accusait sept à huit décès en 1893 sur sept cents hommes, ce qui est à peu près égal à la mortalité dans nos régiments de France[1].

Près du poste européen était le poste des tirailleurs indigènes ; on connaît la valeur de nos Annamites, ils en ont donné des preuves au Tonkin ;

[1] La presse anglaise a fait ressortir à tort que les postes du Laos étaient mortels pour nos troupes. Au point de vue sanitaire, la frontière du Mékong n'a pas été à regretter ; c'est au point de vue politique et commercial que celle-ci doit être blâmée.

« To ent into two arbitrary divisions the people of the Laos « because a river happens to run through their Land is not only « illogical, but foolish and even stupid. » (*Siam Free Press* du **26 avril 1895.**)

dans les postes, ils vivent comme au village avec leurs femmes et leurs enfants, ceux-ci sont matriculés avec le chef de famille. Dans le centre des baraquements, il y avait un arbre des plus curieux, réunissant sur un même tronc trois essences différentes ; malheureusement, aucun de nous n'étant botaniste, nous n'avons pu étudier le curieux spécimen de la flore indo-chinoise.

M. F***, le résident, vint nous arracher à cette intéressante visite ; il fallait partir pour coucher à Ban-Dong, où il y avait un poste avancé.

Nous passâmes la nuit sur un des bateaux des Messageries fluviales, qui devait cette année commencer le service du bief de Khong aussitôt que les eaux du fleuve auraient monté suffisamment. C'était un monoroue arrière, à faible tirant d'eau et portant cent tonnes environ. La navigation fluviale à vapeur, de ce côté, n'a pas pu dépasser Bassac. Les eaux permettent cependant à la chaloupe de la Résidence de nous faire faire 15 kilomètres, et nous pûmes nous rendre ainsi jusqu'à Phya-Phay sans échouage. Nous devions cantonner ce soir-là à Ban-Muong dépendance de la résidence de Khong, où était installé un poste de légion commandé par un jeune lieutenant grec qui s'était distingué au Tonkin. L'aspect du pays devient de ce côté plus montagneux et de côtes plus irrégulières ; au loin, nous pouvions voir le pic de Lagrée, dont les officiers faisaient en ce moment la topographie. Les nombreuses irrégularités du terrain retardèrent notre marche et nous dûmes cette nuit-là cantonner dans un village Laotien. Les habitants s'y montrèrent très prévenants et nous construisirent une table pour notre dîner, après nous avoir nettoyé et préparé de leur mieux la « sala » du village, où nous pûmes passer une excellente nuit.

25 *février*.

Ban-Muonq.

Vers sept heures, nous étions debout et prêts à continuer notre route, deux heures après, nous atteignions Ban-Muong. Ici les quartiers étaient construits sur pilotis à la mode laotienne ; ce mode de construction paraît le plus sain et le meilleur. Naturellement nous dûmes visiter le potager[1], très

1 Un officier y cultivait la vigne sauvage, qu'on trouve en assez grande abondance dans les forêts du Laos. « Cette vigne a été « découverte pour la première fois en 1872, dans le pays des Moys, « par M. J.-B. Martin, jardinier-chef du gouvernement à Saïgon. « On la rencontre dans toutes les forêts de l'Est, et même dans « les parties sèches des arrondissements de Tra-Vinh, Makin, « Rachgia au cap Saint-Jacques, etc. (Cochinchine), chez les Moys « et au Cambodge. La culture et le nettoyage modifient la vigne « sauvage ; le raisin devient plus gros, plus doux et plus juteux. « Après deux ans de culture M. Martin a obtenu des grappes « pesant plus de 2 kilogrammes. Cette vigne fait sa première « pousse aux mois de mars et d'avril, les premiers fruits sont « murs au commencement de septembre, et la maturation continue « jusqu'à la fin de novembre. Les lianes font des pousses de « 20 centimètres couvertes d'énormes raisins; elle produit généralement deux ou trois tiges par pied. » (PAULUS et BOUINAIS, p. 332.)

bien entretenu par les officiers, car il faut savoir cumuler là-bas l'art de la guerre avec celui du jardinage. La température, de 30° au thermomètre, n'était pas accablante et nous passâmes une excellente journée avec ces messieurs.

26 *février*.

Visite au roi de Bassac.

En face de Ban-Muong est le centre relativement important de Bassac. Bassac est un village de deux mille habitants, et en Laos cela constitue une véritable ville. Le gouverneur siamois était encore à cette époque le vieux roi de Bassac qu'avaient connu Doudart de Lagrée et Francis Garnier. Une succursale du « Syndicat du Haut-Laos » factoreries du Laos, y était établie sous la direction de M. D***, qui était alors agent consulaire de France là-bas. Ce fut donc à la maison D*** que nous nous adressâmes pour être reçus par le roi. M. D*** nous conduisit à une case un peu plus grande que les autres et assez délabrée. Vêtu de son sampot et de la traditionnelle veste blanche, le roi nous attendait dans ce qu'on appelle pompeusement son palais. Nous nous assîmes autour de lui, tandis qu'accroupis, les hauts personnages de la cour nous considéraient curieusement. Sur la table, près du roi, des coupes d'assez joli travail laotien étaient étalées ;

ciselées mi-or et mi-argent, ou faites d'un vermeil très riche en or, ces coupes lui servaient à mettre ses cigarettes et ses chiques de bétel. Au fond de la pièce, dans un désordre indescriptible, il y avait un amalgame informe de pendules rococo, de mauvaises porcelaines chinoises, de lampes à pétrole de toutes les formes, et au milieu, un fauteuil de velours rouge et à oreilles, semblable à celui de nos concierges, nous montrait que le roi nous faisait les honneurs de la « Salle du trône ». D'ailleurs je crois qu'il eût été en peine de nous recevoir ailleurs. Avançant avec un sourire une des coupes vers nous, le roi nous offrit des cigarettes d'un tabac très épicé roulé dans des feuilles de palmier.

La conversation avec un prince indigène par l'intermédiaire d'un interprète n'est jamais très intéressante. L'Asiatique aime peu à se compromettre et garde toujours une prudente réserve sur toutes les questions touchant la politique. Plus que les autres, le roi de Bassac se montra impénétrable. Le seul sujet qui parut le toucher, fut le souvenir de la mission Doudart de Lagrée ; il nous exprima en termes chaleureux toute la sympathie qu'il éprouvait pour le malheureux explorateur et nous demanda des nouvelles de Francis Garnier et du Dr Thorel, pour lesquels, disait-il, il avait gardé une grande amitié : — « Venez donc voir le Dr Thorel « en 1900, pour l'Exposition. — Le roi de Siam,

« mon suzerain, ne le permettrait pas. » A cela nous insinuâmes qu'il n'y avait que le fleuve à traverser et il se trouverait sous la protection française. Le roi sourit à notre proposition, mais de ce sourire indéfinissable de l'Asiatique, qui ne veut s'engager ni d'un côté ni de l'autre. J'ai appris plus tard, par des conversations avec les officiers, pourquoi le roi était si prudent sur le terrain où nous l'avions engagé :

« Au début de l'occupation française, les gens de « Bassac, amusés des verroteries et autres babioles « apportées chez eux par nos voyageurs et commer- « çants, désiraient ardemment être nos administrés « et s'affranchir du Siam. Depuis, les partis se sont « divisés à Bassac. Les Laotiens ont vu leurs « parents travailler sur l'autre rive à Ban-Muong, « leurs illusions sur notre compte se sont envolées ; « ils craignent maintenant de trouver en nous des « maîtres plus sévères encore que les Siamois. »

En quittant le roi de Bassac, nous lui proposâmes de le photographier ; il refusa avec indignation, prétendant qu'un Français l'avait pris il y a peu de temps et avait refusé de lui donner de suite son portrait. Notre visite terminée nous nous rendîmes à la factorerie. Les affaires y sont peu fructueuses, car nos étoffes et nos produits sont peu goûtés des indigènes. Nous n'avons pas encore su faire au goût de ceux-ci, et nos produits sont trop bons et trop chers pour un peuple aussi pauvre[1]. La voie d'échanges elle-même n'est guère ouverte, vu le peu de production du pays, l'inactivité des habitants laissant improductives des régions d'une richesse extrême. Avant un commerce fructueux, l'agriculture s'impose au Laos, c'est un pays à créer, non à exploiter comme la côte. Mais pour créer un pays, il faut l'étudier, y faire des voies de communication, et ces études n'ont jamais été faites par des économistes sérieux. Le Laos jusqu'ici a été victime des fantaisies de ses administrateurs ; les efforts y ont été faits comme sur bien d'autres points de notre colonie d'Indo-Chine, sans vue d'ensemble, sur des rapports trop circonstanciés pour être clairs, trop étudiés dans le menu détail pour permettre à une direction unique et ferme de se décider sérieusement. Ne pas faire d'écoles est certes une belle chose, mais à force de vouloir les

[1] Une preuve frappante de la justesse de cette opinion se trouvait, il y a quelque temps, dans la *Politique coloniale* du 30 avril 1898, où était présenté un résumé statistique des produits au Laos et des prix de fret.

On peut voir qu'au point de vue du fret le bon marché est à notre avantage, mais le commerce se fait toujours par Bangkok, parce que de Saïgon ne viennent aucun des produits au goût des indigènes :

PRIX DU FRET :

De Bangkok à Luang-Prabang..	150 à 200	la tonne	de 1.000 kilog.
De Saïgon à Luang-Prabang....	70	—	—
De Bangkok à Vieu-Tiane.....	50 à 60	—	—
De Bangkok à Bassac ou Outhène	120	—	—
De Saïgon à Bassac ou Outhène	20 ou 40	—	—

RACINES D'UN BANIAN.

éviter on en arrive souvent à ne rien faire, c'est ce qui nous arrête dans notre mise en valeur du Laos.

Au retour, après avoir quitté M. Dombret, notre pirogue traversait un essaim de nymphes du pays qui prenaient leurs ébats dans le Mékong; celles-ci effarouchées, cachaient leurs formes dans les eaux du fleuve, mais la curiosité l'emportant bientôt sur la pudeur, nous les voyons se relever pour nous regarder et plusieurs nous ont montré ainsi des corps dignes du ciseau d'un sculpteur.

27 février.

Départ de Ban-Muonq et de Phya-Phay pour Attopeu.

Le lendemain matin arrivait à Ban-Muong un jeune télégraphiste qui revenait d'Attopeu, ayant étudié la pose d'une ligne reliant les deux postes[1]. Ce jeune homme revenait, navré de l'état dans lequel il avait trouvé les populations khâtes et laotiennes de ce côté. Un officier chargé de mission avait maltraité les villages situés au nord du poste d'Attopeu; ceux-ci avaient fui et si peu repris confiance que la vue seule d'un nouvel Européen les avait écartés dans les forêts; le télégraphiste avait dû souffrir bien des privations, et notamment l'absence de porteurs, de ce fait-là. Il est triste d'être

[1] Bassac est aujourd'hui relié à Khong et à Attopeu.

obligé de constater que certaines missions ont produit des résultats déplorables pour la préparation de ces populations timides à subir notre influence.

On accorde à Paris autant de missions qu'il en est demandé, mais on ne connaît pas, le plus souvent, l'explorateur qui en est chargé. Un ambitieux, là-bas, peut faire impunément le plus grand mal et retarder la colonisation de plusieurs années. Naturellement le récit de la petite expédition du télégraphiste avait occupé toute la matinée ; il nous avait parlé de ses rencontres avec des éléphants sauvages et de nombreuses bandes de cerfs, et nous voyions renaître les rêves cynégétiques que nous avions toujours caressés jusqu'ici sans les réaliser.

Aussi l'après-midi quittons-nous nos aimables hôtes, nous étions impatients de circuler à pied dans les hautes forêts d'Indo-Chine et d'essayer enfin nos fusils et carabines.

Cette première journée fut consacrée au retour à Phya-Phay, où, par les ordres du phya-muatila[1]

[1] Phya, chef laotien : grade correspondant à notable d'un village. La constitution laotienne est quelque peu féodale, et l'on pourrait ainsi déterminer les différents grades des chefs laotiens aussi bien dans le Haut que dans le Bas-Laos :

Le tchas-muong correspondrait à baron.

Les tchao-kromakan représenteraient les sénéchaux chargés des différents services provinciaux.

Les tasseins sont les chefs du canton.

Les cham-cha-tao-phya sont des anciens ou des notables chargés des différents services des villages (adjoints ou conseillers municipaux.

notre caravane avait été préparée et la sala nettoyée de fond en comble.

Notre expédition était des plus complètes.

MM. Ruhle et B***, administrateurs de Cochinchine, détachés au service du Laos, M. C***, lieutenant allant prendre le commandement du détachement de tirailleurs, Paul et Jean de Neufville et moi-même, puis quelques indigènes, nos boys, un boy chinois avec sa con-gay annamite, un interprète, une esclave Khât volée par les Siamois, que nous ramenions dans sa famille grâce à l'énergie de notre représentant, M. Dombret, qui l'avait réclamée directement au roi de Bassac[1]. Notre expédition était complétée par nos juments, les trois chevaux de M. Ruhle et cinq éléphants.

Le mot chao signifie chef suprême.

Le mot nai correspond à maître, commandant; c'est une autorité moins absolue que le chao.

Nai-ban, littéralement chef du village, maire.

[1] L'esclavage n'existe pas chez ces populations d'une façon absolue, mais l'esclavage pour dettes y est pratiqué.

Tout débiteur qui ne peut pas payer doit servir son créancier, lui et sa famille, jusqu'à paiement intégral de la somme due. Généralement le créancier s'arrange pour que de nouvelles dettes soient contractées par son esclave; ainsi il conserve ses droits, souvent durant plusieurs générations, ce qui différencie peu cette forme de l'esclavage de celle de l'Afrique.

Les Siamois ont pratiqué au Laos la chasse aux esclaves sous une forme déguisée. Ils emmenaient comme prisonniers de guerre de malheureux Laotiens qui, ruinés, leurs villages brûlés, s'endettaient au Siam et perdaient de ce fait leur liberté.

Espérons que l'influence des peuples civilisés et spécialement la nôtre, saura mettre un terme à de pareils abus.

28 *février*.

Départ de Phya-Phay. Les rays.
La Forêt-Epaisse.

Dès le matin, il fallait songer au départ car, de six à neuf se font les meilleures étapes. A ce moment le soleil est moins ardent, l'humidité de la nuit rafraîchit encore l'air ambiant et la soif ne fait pas souffrir les porteurs. Nos bagages bouclés, les hommes se les divisèrent deux à deux, car notre marche devait se faire sur terrains plats. Dans ce cas le bagage est lié avec des cordes de rotin et suspendu comme un lustre à un gros bambou; deux porteurs posent sur leurs épaules chaque extrémité du bambou et marchent en imprimant au fardeau un balancement que maintient l'élasticité du bois.

Ils arrivent à marcher très vite avec ces faix, qui peuvent atteindre, portés ainsi, jusqu'à 50 et 60 kilogrammes.

Les hommes sont incontestablement, pour ces marches, les meilleurs porteurs avec les chevaux; ce n'est pas sans un profond étonnement que nous vîmes, chargés avec tous les soins possibles, de malheureux poids de 100 à 150 kilogrammes sur nos gros éléphants. Des fardeaux plus lourds les blesseraient; cet animal, malgré sa rude enveloppe, est très délicat, et sa force repose plus dans sa masse que dans ses muscles; en outre, il est peu pratique pour ces déplacements en saison sèche, car le manque d'eau le fait énormément souffrir. Si l'éléphant n'a pas son bain tous les jours, il blessera, peinera et on risquera de perdre un animal auquel on attache généralement un certain prix.

Autres étaient nos petits chevaux birmans, alertes, vigoureux, malgré leur peu de nourriture, et dont la vigueur s'entretenait facilement avec une ration de paddy le matin et quelques herbes tondues par-ci, par-là pendant les haltes.

A quelques centaines de mètres du village de Phya-Phay, nous rencontrâmes les rays ou rizières des Laotiens, faits dans des clairières ou des parties défrichées de la forêt. Pour défricher ils emploient le procédé barbare du feu, et il n'est pas rare de voir l'habitant brûler des quantités de bois précieux pour se faire pousser quelques poignées de riz ; c'est que le commerce avec l'Europe ne leur a pas appris la valeur de ce qui les entoure ; de bonne eau, du riz pour toute l'année, et le Laotien est heureux. Le sera-t-il plus quand la colonisation l'aura instruit, nivelé, formé au même moule que les autres populations du globe : sur ce point je n'oserais guère être affirmatif.

Le ray laotien se compose simplement de la rizière, à laquelle ils adjoignent une petite cave. Là les travailleurs peuvent se reposer, et ils ne regagnent le village que quand irrigation et plantation sont terminées ; puis ils s'en vont récolter ensuite et regagnent leur village pour la saison sèche, où ils vivent du fruit de leur travail de la saison précédente, se baignant, jouant, quelques-uns améliorant leur intérieur.

Les rays à cette époque, étaient à sec et abandonnés, le soleil frappait sur les chaumes dorés qui en reflétaient désagréablement les rayons, aussi nous sembla-t-il entrer dans une cave lorsque nous pénétrâmes en forêt épaisse. Celui qui n'a jamais vu une forêt tropicale est réellement saisi par l'impression de gigantesque exubérance que donnent ces arbres énormes, les feuillages épais, les sous-bois impénétrables que nous traversions à ce moment dans un étroit sentier.

Au-dessus de notre tête, dans une voûte de feuillage que nos yeux avaient peine à percer et que les rayons du soleil doraient sans pouvoir en vaincre les ombres épaisses, chantaient et voletaient des milliers d'oiseaux; une impression d'humidité et de fraîcheur fort agréable parcourait nos membres, et une senteur capiteuse nous amollissait en nous invitant au sommeil. Cependant se laisser aller, à la tombée du soir, aux invitations délicieuses de la forêt pourrait être payé cher par le voyageur imprudent. La fièvre pernicieuse, connue là-bas sous le nom de fièvre des bois, ne tarderait pas à le prendre, et les beaux sites ont été déjà pour plusieurs, un magnifique tombeau. La forêt de Phya-Phay est coupée de clairières généralement habitées; c'est à l'un des plus importants de ces villages que nous nous arrêtâmes pour la nuit. Ban-Falai, indiqué Ban-Salai sur la carte Pavie, est situé à l'extrémité d'une clairière de 7 à 800 hectares environ; il peut avoir une population d'une centaine d'individus, ce qui constitue là-bas un village assez important. Nous avions parcouru ce jour-là environ 25 kilomètres.

1er *mars*.

Passage de la Sé-Kampo.

Nous dûmes marcher tout ce jour-là dans la Forêt-Épaisse; aussi la marche fut-elle des plus agréables et l'excursion des plus pittoresques. Le lit d'un arroyo desséché nous servit à midi de salle à manger, une seule chose manquait à la fête, une eau pure et fraîche. C'est avec la plus grande peine que nous étions parvenus à découvrir de l'eau, et, n'auraient été les fréquents passages d'animaux, nous n'eussions pas trouvé la petite excavation pratiquée moitié par eux, moitié par les indigènes, au fond de laquelle se trouvait une eau bourbeuse et difficile à recueillir[1]. Bien qu'à l'ombre et sous une

[1] Pour trouver de l'eau en forêt, le meilleur système est de suivre quelque temps le lit d'un arroyo; par les traces d'animaux et les

température très supportable, nous marchions lentement; toutes les heures, nous faisions un arrêt d'un quart d'heure pour faire reposer les porteurs, et pendant cet arrêt nous nous faisions distribuer quelques gouttes de thé froid. Cette boisson, répétée souvent, permet d'arrêter à temps ces soifs inextinguibles qui détruisent en peu de temps les meilleurs estomacs.

A six heures et demie, nos chevaux hennissaient joyeusement en apercevant une jolie rivière aux eaux claires et au murmure joyeux, c'était la Sé-Kampo, qui n'assèche jamais et dont les eaux sont réputées. Au-dessus de la rivière, sur une haute berge que la baisse des eaux faisait paraître plus élevée, est le village de Kampo. Hommes et animaux se trempèrent dans les eaux vives et courantes, et je ne pus empêcher un petit cheval annamite que je montais alors, de grimper d'un seul temps de galop jusqu'au village, au risque de nous rompre le cou à tous les deux. Derrière, plus sagement, suivaient les éléphants, qui, la bouche ouverte, semblaient vouloir absorber toute la rivière et dont les trompes disparaissant avec des bulles d'air, reparaissaient pour lancer comme une manche à eau un

mares désséchées on peut se rendre compte depuis combien de temps l'eau a disparu. Si la disparition est récente, en fouillant le sol, on a beaucoup de chance de trouver une poche d'eau qui, passée au filtre, est buvable et sans danger, bien moins dangereuse souvent que les eaux claires et froides descendant de la montagne.

jet de liquide sur le front, le dos et les parties qui n'étaient pas immergées.

Le village de Kampo peut avoir une population d'une quarantaine d'individus, tous semblaient fort respectueux, et leur hospitalité fut des plus agréables; une sala propre, quelques dons d'œufs et de bananes, avec cela un voyageur peut se nourrir et passer une nuit tranquille.

2 mars.

La Forêt-Claire.

Les journées de marche se suivent, mais bien souvent ne se ressemblent pas. Après la Forêt-Épaisse, nous fîmes connaissance, ce jour-là, avec la Forêt-Claire.

La Forêt-Claire, c'est le désert de l'Indo-Chine, mais un désert avec une illusion d'ombre, avec l'illusion qu'on trouvera de l'eau, c'est la chaleur torride avec l'espoir sans cesse déçu de trouver quelque fraîcheur.

Nous traversions, sous un soleil de feu, un terrain de bourbe durcie qui se transformait en poussière sous les pieds de nos chevaux; de tous côtés des arbres clairsemés, sur lesquels pendaient encore inertes, des feuilles brûlées, desséchées, que la brise chaude et faible ne peut pas faire tomber. Sur le sol inégal, hommes et chevaux avançaient péniblement; en effet, les lombrics, qui disparaissent avec les eaux de la saison des pluies, rejettent vers l'extérieur de leur trou des monticules de terre humide, celle-ci, cuite au soleil, forme autant de cônes élevés de 8 à 10 centimètres, qui résistent aux pas du voyageur et se brisent sous ses pieds avec un bruit de vaisselle désagréable et fatigant à la longue. De loin, près des mares bourbeuses et presque à sec, nous aperçûmes des cerfs de la grande espèce qu'on appelle là-bas concathans. Enfin, après six heures de marche, la végétation reparaît, ce sont les bords de la Sé-Pien et la rivière elle-même qui apparaissent pour nous comme une oasis au milieu du désert. Nos hommes, la femme Khât, les éléphants, les chevaux, tous se délectèrent quelques minutes dans les eaux fraîches de la rivière, puis nous fîmes là notre grande halte.

A midi, il nous fallut reprendre notre marche pénible, traverser encore la Forêt-Claire avec son soleil de plomb et son sol brûlant sans eau, jusqu'à cinq heures du soir, où nous nous trouvâmes fort heureux de rencontrer une mare malpropre, d'où nous chassâmes une bande de cerfs.

Après une semblable journée il fallait s'égayer. Aussi attaquâmes-nous deux bouteilles de champagne, dont nous avions quelques-unes dans nos provisions, et le soir, au clair de la lune qui venait argenter les tristes feuilles des arbres clairs et rabougris, nous fîmes résonner la forêt des chants les plus parisiens.

3 mars.

Rencontre d'une bande de Khâts.

Tous instinctivement, nous avions craint d'être dérangés cette nuit-là par les animaux venant boire, mais la présence de nos éléphants les avait sans doute écartés, et la soirée avait été des plus calmes.

Nous marchions encore en Forêt-Claire, mais déjà apparaissaient quelques touffes de bambous qui nous indiquaient la présence de l'eau moins profondément dans le sol. D'ailleurs, qui a du bambou peut boire, car dans la racine se trouve une eau saine et agréable, que connaissent bien les voyageurs en Indo-Chine. Devant nous apparaissait, de plus en plus haut, le mont Ta-Pac (Ta-Pa-Pavie), qui forme une petite chaîne continue donnant naissance elle-même à la vallée de la Sé-Kéman. Nous déjeunâmes au pied de ces montagnes, dans le lit d'un joli arroyo, le Honai-Derra. Au-dessus de nous on pouvait apercevoir, sur les sommets, quelques cases khâts, et nous eûmes la chance de voir passer près de nous plusieurs de ces indigènes.

Ces Khâts[1] étaient vêtus d'un simple pagne passé en ficelle entre les cuisses et attaché à une ceinture ;

[1] On appelle sous la domination générique de Khâts, dans le Bas-Laos, tous les indigènes montagnards.

à part ce vêtement rudimentaire, ils sont absolument nus. Quelques-uns portaient au cou des colliers de verroteries dont ils paraissaient très fiers; leurs parures se composaient de coupe-coupe, embranchés dans de solides bambous et de lances à lame tranchante, qu'ils semblaient manier fort habilement. Ces Khâts portaient les cheveux longs, et leurs femmes étaient coiffées à la mode laotienne. Ils s'arrêtèrent près de nous et se mirent à jouer, sur notre demande, d'un orgue à bouche en bambou que l'un d'eux portait à la main. Je ne sais si c'est parce que nous avions été longtemps sevrés de musique, mais les sons nous en parurent doux et agréables, et nous aurions volontiers fait jouer l'artiste plus longtemps si tout à coup, sur un signe du chef, toute la bande n'avait repris sa marche, poussant devant elle un jeune porc et portant des cages à poulets en rotin que nous n'avions pas remarqués tout d'abord. « Ces Khâts, nous dit « M. Rulhe, s'en vont échanger au Muong les animaux qu'ils élèvent dans la montagne. Les Laotiens « leur donnent, en retour, plusieurs de leurs produits, entre autres le sel, qui est une des seules « industries du Laos. Il y a dans le pays de nombreuses mines de sel gemme, mais les Laotiens « ne savent en exploiter que les parties travaillées « par les eaux. Aussi cette récolte ne se fait-elle « qu'en saison sèche. Sur les bords de la Sé-Céia,

« près de Kampot, les indigènes ont creusé des « citernes : lorsque la saison sèche amène ces « citernes presque à sec, ils remontent des seaux « chargés d'une eau très salée qui, bouillie, donne « un sel gris et fin très apprécié. Le vice de cette « exploitation est sa lenteur et le peu de profit tiré « d'une mine certainement très riche. »

Mais il fallait songer à repartir et reprendre notre marche en Forêt-Claire. Les bambous avaient disparu de nouveau, mais la perspective des montagnes rendait le chemin moins monotone ; puis de loin, devant nous, paraissaient des oasis vertes, les bananiers des villages nous annonçant l'eau et les régions agréables. En approchant, nous traversâmes un bosquet de manguiers sauvages. Nos porteurs furent bien vite au sommet, abattant les fruits et les dévorant avec avidité. Cependant la mangue verte doit être mangée avec méfiance, car ce fruit est, dit-on, souvent fiévreux.

A six heures, nous atteignîmes le petit village d'Arn-Bam-Pouy, d'une soixantaine d'habitants, possédant au centre une bonzerie importante et situé sur les bords de la Sé-Khong. Nous approchions d'Attopeu et en avions enfin fini avec la Forêt-Claire. Maintenant nous tombions dans les régions habitées et n'avions plus qu'à marcher de village en village, c'était pour nous une promenade d'agrément après nos deux dures étapes.

4 mars.

Une bataille de chevaux. Premiers villages de la province d'Attopeu. Un Français bien content de voir des compatriotes.

Après avoir marché toute la matinée dans les rays des différents villages, nous fîmes halte dans l'un d'eux, et nous nous installâmes dans une des cases. A peine mettions-nous notre couvert sur le plancher en bambou de la case laotienne qu'un bruit extraordinaire se fit entendre au-dessous de nous, et des chocs violents imprimés aux faibles soutiens de la case nous firent descendre pour voir ce qu'il y avait. Deux de nos petits chevaux s'étaient pris de querelle et, ayant brisé leurs longes, s'étaient précipités l'un sur l'autre avec une rage inouïe. Le poil volait autour d'eux sous les morsures et les coups de pieds, qu'ils accompagnaient de hennissements féroces; nous eûmes toutes les peines du monde à les approcher, et, lorsque nous nous en fûmes emparés, il fallut mettre les belligérants hors de vue l'un de l'autre pour les calmer. Ils étaient tous deux littéralement en sang. La cause de la querelle était une de nos juments qui, sans doute, les avait mis en rivalité. Cet incident donna lieu à quelques plaisanteries nouvelles sur nos montures et le peu d'usage que nous avions des mœurs du Laos. Une heure après nous devions encore tenir à distance pendant la route les deux animaux pleins de rancune. Ainsi le lieutenant C*** dut arriver le dernier à Muong-May, premier village de la province d'Attopeu, où nous attendaient les autorités avec des cocos bien frais et bien préparés.

Successivement vinrent présenter à MM. Rulhe et B***, les respects de la province:

Le chau-muong, l'opahat, le latsavong et le latsabout[1].

Ces autorités, dont les titres venaient à ce moment encore du Siam, reçurent là, de M. Rulhe l'ordre de se présenter dans quelques jours à la Résidence d'Attopeu, pour recevoir du Gouvernement français la sanction de leur grade et les insignes de mandarins, après avoir prêté serment de fidélité à la France. Avec un grand empressement, les habitants du village nous aidèrent à faire traverser nos chevaux et mirent à notre disposition des pirogues, car la Sé-Khong est assez profonde et large en cet endroit.

A peine étions-nous débarqués de l'autre côté de la rivière qu'un boy annamite parlant le français, qui tenait un cheval, nous annonce la présence de son maître, M. C***, chancelier de la Résidence

[1] On peut estimer, par les coefficients suivants, le degré d'autorité de ces chefs féodaux :

Chau-Muong	100
Opahat	50
Latsavong	25
Latsabout	15

d'Attopeu, en ce moment résident par intérim. Quelques minutes après, un grand gars, exhubérant de santé, de joie et de paroles, s'excusait moitié riant, moitié pleurant de son air agité : « Il y a trois mois, disait-il, que je n'ai parlé à un Européen » et de fait, il se rattrapait. Nous apprîmes plus tard qu'à la suite d'un différend violent il s'était complètement brouillé avec l'officier commandant le poste militaire ; depuis ce temps, les deux seuls habitants européens d'Attopeu ne s'étaient ni parlé ni vus.

J'ai dû, plus d'une fois, dans mes voyages, constater ce travers chez nos compatriotes. Beaucoup de ceux que nous envoyons aux colonies, malheureusement peu sociables et manquant de diplomatie, ne savent vivre d'accord. Une histoire de rien, une de ces mesquineries comme il s'en présente souvent entre voisins et même amis, voilà la guerre allumée, un tiers n'étant pas là pour arranger les choses ; on ne veut plus se voir, on se couvre de mépris, on souffre chacun de son côté, et cela pendant des mois et même des années. Travers de notre fierté naturelle, si belle quand elle est prise en bloc, si mesquine dans les rapports de particulier à particulier et déplorable aux colonies, où l'union fait plus qu'ailleurs la force. Nous arrivâmes donc à Attopeu à cinq heures, après avoir traversé une belle forêt et quelques clairières en écoutant pour

BANGKOK. — LA PAGODE DES CLOCHETTES. — ENTRÉE.

la vingtième fois le récit des disputes de M. C*** avec l'officier commandant le poste. Nous arrivions donc dans une ville connue, puisque nous en savions les potins.

Si petite ville qu'elle soit, car le village indigène se compose seulement de quelques cases, Attopeu est bien situé.

La Résidence, construite dans une clairière sur les bords de la Sé-Kéman, est un superbe travail de patience.

MM. Rulhe et C*** ont su être à la fois architectes, maçons et charpentiers. L'habitation est construite sur pilotis, sur des colonnes de 12 mètres de haut. Le plancher a été posé à 3 mètres du sol, et formé de grosses planches de lain. Sur le plancher étagé *ad hoc*, on a placé une bâtisse en torchis, en réservant un promenoir circulaire. La bâtisse en torchis est haute de 5 mètres; puis il y a un espace de 4 mètres au centre, et le toit, descendant très bas, jusqu'à la hauteur du plancher, recouvre le tout. L'air circule ainsi en-dessous et en-dessus du bâtiment, et les chambres sont très fraîches.

Cette construction est certainement une des mieux comprises que j'aie rencontrées en Indo-Chine. Les écuries et les communs, de plein-pied et construits en torchis, sont fort bien compris; aux chevaux, MM. Rulhe et C*** ont ajouté un troupeau de vaches fournissant, malheureusement en petite quantité, un lait délicieux [1].

En neuf mois, cette installation avait été terminée par l'initiative seule de deux hommes habitués à la vie dans l'intérieur. Quand on a vu nos compatriotes là-bas s'arranger avec si peu de moyens et leur habileté naturelle, on n'ose plus dire que nous sommes incapables de coloniser.

5 *mars*.

L'or à Attopeu. L'insecte-feuille. Premier acte administratif du poste d'Attopeu.

Le but de M. Rulhe, en retournant à Attopeu, était de s'enfoncer dans l'intérieur pour faire des recherches de gisements aurifères signalés vers le plateau des Banhars chez les Khâts de cette région. M. C***, pendant l'absence de son chef, avait pu recueillir quelques échantillons d'or trouvés dans le lit des rivières des environs par des indigènes orpailleurs [2]. Quelques paillettes de cet or étant

1 Les vaches, dans toute l'Indo-Chine, fournissent de très petites quantités de lait. On s'estime heureux là-bas quand une vache a pu donner 2 litres ; aussi tout ce qui est laitage se vend-il très cher dans les villes.

2 L'orpaillage était pratiqué depuis plusieurs années là-bas : les Khâts, lorsqu'ils avaient pensé à nourrir leur famille, lavaient le sable des rivières et ramassaient tout au plus la valeur de 1 piastre d'or, après quoi, leur nature paresseuse prenant le dessus, ils arrêtaient tout travail.

J'ai pu constater ultérieurement que la présence de l'or dans les rivières n'est pas une preuve absolue de l'existence de gisements

encore attachées à des morceaux de quartz, ces messieurs fondaient de ce fait un sérieux espoir de voir les prospections de notre ami réussir. Pauvre Rulhe, il devait plus tard voir s'évanouir son rêve doré et perdre la vie dans une de ces excursions aventureuses, le cœur navré de n'avoir pu mieux réussir dans ce qu'il tentait pour lui et pour l'avenir de la colonie!

Avec l'or, une autre curiosité nous attirait. J'avais pris sur l'épaule de M. B***, lors de notre dernière journée de marche, un insecte curieux, mais bien connu dans ces régions, c'est la Phillia ou l'insecte-feuille, dont M. de Beauvoir fait aussi mention dans son intéressante relation de voyage à Java.

La Phillia est une feuille vivante ou plutôt un insecte se cachant sous une forme de feuille; cette feuille a ses nervures et les apparences de tout son appareil de vie végétative, mais en prêtant attention, on aperçoit fort bien la tête de l'animal, son corps et ses pattes. L'échine est la nervure principale; j'ai pu constater qu'en maigrissant, les nervures de la feuille s'accentuaient et la couleur jaunissait comme une feuille prête à tomber en automne. Plusieurs jours, j'eus l'occasion d'observer l'animal

très riches et qu'il faut être bien circonspect avant de lancer une affaire sur cette seule base. Tous les fleuves d'Indo-Chine, m'a dit un ingénieur des mines, roulent de l'or, mais cet or vient parfois de très loin et ne prouve pas qu'il y ait des gisements dans les environs.

dont les mouvements sont assez lents et qui, attaqué, a la faculté de lever son abdomen comme le scolopendre, position, en apparence, semblable à celle de la feuille qui s'est roulée à la suite d'un coup de soleil. Ce même jour eut lieu à Attopeu, la cérémonie, si intéressante pour nous tous, de la distribution des insignes aux mandarins, leur acceptation étant l'acte définitif de soumission à la France.

A neuf heures du matin les mandarins arrivèrent à l'inspection ; nous nous étions tous attachés à donner le plus de cérémonial possible à cette réunion. Des verres et du champagne furent préparés, les sièges improvisés pour nous et pour les mandarins.

Lorsque ceux-ci eurent pris place dans la salle centrale de l'habitation, salle où nous nous réunissions habituellement pour nos repas, M. Rulhe prit la parole et leur tint à peu près ce discours :

« Le Gouvernement français, dans sa bonté pour « vous, me charge de vous remettre ces insignes « ainsi que ces décorations, car désormais vous « êtes appelés à le servir toujours. Jamais nous « n'abandonnerons le Laos, vous n'avez donc rien « à craindre des Siamois. D'ailleurs, outre les sol- « dats que vous voyez ici, nous avons à l'Inspection « des agents de police[1] au nombre de vingt-quatre,

[1] C'était l'institution de la milice indigène, qui n'existait pas à Attopeu à ce moment.

« qui serviront à nous faire respecter et obéir. Cette « mesure a été trouvée nécessaire, car j'ai dû faire « observer à Saïgon que, dans la dernière période de « mon administration, plusieurs ordres, donnés par « moi, et, je ne puis en douter, transmis par vous, « n'ont pas été suivis. Ainsi, vous aurez à votre dis- « position une police et serez ainsi personnellement « responsables de l'accomplissement des ordres « reçus. La France, en outre, ayant remarqué les « difficultés que vous aviez à percevoir les impôts, « vous offre des appointements fixes (*ici nous pûmes remarquer un sourire de satisfaction dans l'assemblée*).

Le chau-muong recevra par mois 100 piastres; les opahats, 50 piastres ; les latsavong, 35 piastres; le latsabout, 25 piastres.

« Mais, par contre, l'administrateur seul, à partir « d'aujourd'hui, percevra l'impôt par village et « d'une façon plus régulière (*mouvements divers « chez les vieux, visiblement désapprobatifs ; chez les « jeunes, plus sympathiques*). Il ne me reste qu'à « vous poser la question : Acceptez-vous la pro- « rogation de vos grades dans les conditions offertes « par le Gouvernement français? »

Tous répondirent affirmativement[1].

[1] Comme on le voit par l'acte administratif dont je viens de faire le récit, l'impôt, la police, étaient mis sous la direction absolue de l'administatreur, dont les mandarins devenaient les lieutenants; c'était bien la main-mise sur la région d'Attopeu.

Alors M. Rulhe procéda à la remise des décorations et des insignes ; chaque mandarin reçut un insigne spécial.

Une écharpe tricolore à glands d'or fut donnée aux chaus et aux deux opahats avec les croix d'officiers de l'Ordre impérial du dragon d'Annam. Une écharpe semblable à glands d'argent fut placée sur l'épaule du latsavong et du latsabout avec la croix de chevalier du même Ordre. Enfin des parchemins consacrant leur grade leur furent remis, et nous les reçûmes en leur offrant le lunch d'usage, que nous avions composé de notre mieux, à la française.

Nous remerciâmes M. Rulhe de nous avoir fait assister et collaborer quelque peu à cet intéressant acte administratif qui nous avait permis de juger combien, chez ces peuples simples, un peu de cérémonial est important au point de vue de l'influence. Il est certain que les mandarins quittèrent l'Inspection avec d'excellentes dispositions : « A notre Administration de veiller à ce qu'ils les gardent, » tel fut le dernier et très philosophique mot de la journée.

6 *mars*.

Départ d'Attopeu pour Stung-Treng.
Premiers retards.

Il n'est pas de si bons amis qui ne se quittent, et nous ne pouvions séjourner plus longtemps à Attopeu. Notre ami Paul de Neufville tenait à gagner du temps, désireux qu'il était de jeter un coup d'œil à Java et moi-même j'étais très fatigué par des plaies provenant des épines de rotin qui s'étaient envenimées au frottement du pantalon. Nous décidâmes donc de partir, malgré le regret que nous en ressentions.

M. Rulhe, plein de sollicitude pour nous, nous avait fait préparer des pirogues bien couvertes et suffisamment larges pour nous procurer un confort relatif. C'est ainsi que vers les sept heures du matin, nous quittâmes la Résidence pour descendre la Sé-Kéman.

En quelques heures, nous atteignions la Sé-Khong et Muong-May, où nous faisions notre grande halte.

A Muong-May, nous devions prendre de nouveaux piroguiers. Les ordres de l'Administration avaient-ils été mal compris, ou bien y avait-il mauvaise volonté de la part de la population ; mais nous ne pûmes réunir que trois hommes en plus de ceux que nous avions et notre convoi fut augmenté d'une pirogue. Nous dûmes donc marcher moins vite et descendre en suivant le fil de l'eau. Les rives de la Sé-Khong sont loin de valoir comme pittoresque celles de la Sé-Kéman, c'est la Forêt-Claire avec la jungle, mais la région est très giboyeuse.

Nous voyions à chaque instant sur les rives, le

matin ou à la tombée de la nuit, des paons, des cerfs, parfois même des sangliers venant boire au fleuve. Nous réussîmes ce jour-là à tirer quelques-uns de ces animaux, malheureusement d'un peu trop loin, car nos piroguiers comprenaient souvent mal nos ordres et faisaient du bruit en approchant.

Le soir, nous couchions à quelques kilomètres seulement de Muong-May, entre le mont Ta-Pac et ce village.

7 mars.

Village de Ouc. Navigation de nuit.

La matinée fut assez bonne pour nous; nous pûmes tuer deux paons. On sait combien ces oiseaux sont appréciables pour la cuisine du voyageur. Nous atteignîmes à midi le village de Ouc, village important de cent à cent-vingt habitants. Là, un mandarin nous attendait avec une équipe de coolies toute prête, et nous pûmes continuer notre route; mais bien lentement, les hommes semblaient peu pressés, alors que nous, au contraire, nous étions très désireux d'arriver. Nous nous arrêtâmes le soir sur un banc de sable, et je pus voir sur la carte que nous avions parcouru très peu de chemin. Nous décidâmes d'imposer aux hommes, comme leçon, une marche de nuit.

Pendant le repos, l'un d'eux sortit de sa pirogue

un orgue khât, il jouait des airs, les autres chantaient un refrain guttural, mais agréable, ressemblant plutôt à une série de modulations qu'à un chant. Je lui offris 50 sous de son instrument, qu'il s'empressa de me vendre. C'était un orgue à boucles composé de pipeaux liés les uns aux autres et munis de trous qui leur font donner différents sons.

A huit heures, nous reprenions notre marche par un clair de lune merveilleux. Le tableau était ravissant, les pirogues glissaient, laissant un sillage d'argent. A droite et à gauche de nous, les grands arbres desséchés de la Forêt-Claire prenaient des proportions gigantesques; notre piroguier musicien chantait un des airs monotones de son pays avec une voix agréable, mais triste, tout à fait en rapport avec le mystérieux spectacle qui se présentait à nos yeux. De temps à autre le rauque aboiement du conai ou le hululement de quelque oiseau de nuit venaient l'interrompre; alors il s'arrêtait et partait d'un rire bruyant, qui venait troubler le silence de la nuit, et on entendait des fuites dans les jungles et des battements d'ailes invisibles.

A minuit des feux apparurent sur la rive, c'était le village de Tao-Tié. Nous nous arrêtâmes là, à la grande satisfaction des hommes qui commençaient à bâiller avec bruit en signe de protestation, et quelques minutes après, les chants, les bruits d'ailes s'étaient transformés en un doux ronflement qui se prolongea jusqu'au matin.

8 *mars.*

Notre marche continue.
Premiers rapides.

Nous traversions toujours des régions de forêt-clairière. Le gibier était abondant, et nous n'avions pas à nous plaindre du travail de nos fusils. Les paons spécialement, fournissaient le plus clair de notre nourriture. J'eus l'occasion d'envoyer ce jour-là une balle d'express à un poisson souffleur; l'animal fut touché à la tête; malgré cela je le vis plonger, et nous ne pûmes nous en emparer. Jusqu'ici la rivière paraissait navigable pour un vapeur de 40 à 50 centimètres de tirant d'eau; mais, quand nous arrivâmes à l'île Don-Hay, nous commençâmes à entendre mugir les rapides. Il se faisait tard; les hommes voulurent bien passer les premiers courants, mais ils nous arrêtèrent dans l'île, sur un banc de sable qui ne devait pas être éloigné d'un village, car nous entendîmes, pendant la nuit, les coups de feu d'indigènes à l'affût du cerf.

9 *mars.*

Rapides de Keng-Kéo.
Une imprudence.

Le matin, un mandarin et quelques hommes vinrent du village qui était peu éloigné, et des renforts de piroguiers nous furent fournis. C'étaient les pilotes des rapides ; nous devions ainsi en prendre à chaque village important, car les rapides ne sont pas toujours des plus faciles à passer.

Une heure après, nous arrivions à Bou-Hay, où nous changeâmes nos pilotes : nous n'avions guère traversé jusque-là que des courants violents sur cailloux. Ce fut à partir de Bou-Hay que commença la traversée palpitante des rapides de Keng-Kéo. Les courants augmentèrent bientôt de vitesse, la rivière s'étrangla dans de hauts rochers noirâtres, d'où sortait une écume blanche en une sorte de vapeur. Nous pénétrions dans un véritable enfer où les eaux se livraient à des luttes furieuses ; des tourbillons, des eaux s'élevant en jets sur des rochers qui semblaient vainement chercher à les arrêter, des pointes aiguës, des murailles énormes, nous passions, rangeant tout cela à les toucher, avec une vitesse vertigineuse ; les pilotes criaient en donnant des ordres ; l'un d'eux, debout à l'avant, armé d'une gaffe en bambou, écartait les mauvais rochers, faisant passer la légère embarcation entre mille brisants, où elle eût été inévitablement roulée. Des centaines d'oiseaux se levaient à notre passage des hautes murailles rocheuses, mais nous n'avions ni le temps ni la faculté de faire usage de nos armes, tant nous avions de peine à maintenir notre équilibre sur nos frêles bateaux. Enfin, lancées dans un dernier et furieux élan, nos embarcations tombaient tout à coup dans les eaux calmes d'un bief, le silence se faisait autour de nous, on n'entendait plus au loin que le mugissement des rapides, et une belle forêt, des eaux calmes et claires, un gazouillis agréable d'oiseaux venaient remplacer les infernales passes que nous avions traversées.

Nous ne perdîmes pas notre temps en contemplation, l'instinct du chasseur reprit vite ses droits; des bandes de marabouts énormes, dérangés par notre passage des rapides, volaient autour de nous, et nous ne tardâmes pas à faire un feu roulant sur toute cette gent ailée qui se pressait de regagner les sombres rochers.

Nous laissâmes à Tieng-Heng les pilotes qui nous avaient conduits dans les rapides, et nous nous dirigeâmes vers Tieng-Hao.

Non loin de ce village, dans une forêt de bambous, un grand bruit parvint jusqu'à nous, et nous vîmes sur la rive les arbres s'agiter et tomber brisés par quelque force extraordinaire. Je sautai sur mon express, une masse noirâtre se dégageait des bambous; c'était un éléphant : je glissai déjà deux balles à pointe d'acier dans mon arme, lorsqu'à 300 mètres de là j'aperçus une cave; il ne me restait qu'à saluer l'animal, qui n'était autre, sans doute, qu'un éléphant appartenant à quelque mandarin de Tieng-Hao. Quelques minutes d'hésitation en moins, et je pouvais être avantageusement comparé à Tartarin de Tarascon, avec cette différence que le prix de ma « gaffe cynégétique » m'eût coûté plus cher que celle du célèbre tueur [1].

Nous nous arrêtames, ce soir-là, au village d'Oulé-Mau et décidâmes de faire encore une marche de nuit.

C'était une imprudence gratuite, et certes, si nous avions eu plus d'expérience du pays, nous n'aurions pas donné cet ordre. Nous ne tardâmes pas à être engagés dans de mauvais rapides; les piroguiers prirent peur, et ne fût notre attitude et celle de nos boys annamites, qui se montrèrent, en la circonstance, pleins de sang-froid et d'à propos, les hommes nous eussent abandonnés. Un de nos Annamites, qui avait été longtemps sans parler, dirigea d'instinct la première barque; les autres suivirent, mais, les rapides franchis, nos Laotiens semblaient considérer comme un miracle d'avoir ainsi passé sans toucher.

La leçon avait été bonne pour ces paresseux, qui n'avaient pas voulu prendre leurs pilotes afin de se reposer plus longtemps, mais un accident aurait

[1] Le prix d'un éléphant au Laos varie entre 600 et 800 francs. C'est au Laos, d'ailleurs, que cet animal est le meilleurs marché. Aux Indes, ces animaux arrivent à des prix de 4 et 6.000 francs; en Birmanie, 2 à 5.000 francs; au Siam, même prix. Aussi presque tous les éléphants pris au Laos sont-ils vendus et dirigés de ce côté.

fort bien pu arriver, et je dois avouer que plus tard, lorsque je connus mieux l'Indo-Chine, je ne pus m'empêcher de condamner notre conduite de cette nuit-là.

10 *mars*.

L'oiseau à cou de serpent.

A huit heures ce matin, nous avions passé le gros village de Siempang, dont les cocotiers et les nombreux bananiers indiquent l'importance et la richesse. Dans la journée, nous réussîmes à tuer cette sorte de cormoran dont le Dr Harmand parle dans son ouvrage, l'oiseau à cou de serpent, dont le bec et le cou longs et effilés sont remarquables. Le plumage de cet oiseau est noirâtre, avec des plumes blanches argentées aux ailes et à la queue; il est très commun sur tout le cours du Mékong, et j'en ai vu à presque toutes les latitudes dans mes autres voyages.

A la tombée de la nuit, le crépuscule apportant de la fraîcheur, nous poussâmes nos hommes à faire des régates. On sait combien ce sport est cher aux Laotiens, et nous en profitâmes pour gagner ainsi un peu sur notre route.

Nous couchâmes le soir dans nos pirogues amarrées à une berge abrupte, bien à l'abri des vents qui commençaient à s'élever, annonçant les premiers orages du changement de saison.

11 *mars*.

Chute dans les rapides. Un éléphant sauvage. Nuit agitée.

Après avoir passé les villages de Bou-Tabeng et de Bou-Yeuny, nous tombâmes dans de nouveaux rapides, mais ceux-ci avaient repris l'aspect des rapides du Mékong, coupés d'îlots couverts d'arbres rabougris. Le régime de la rivière devait être à ce moment très changeant, car nos hommes se firent éclairer par l'un d'eux. Celui-ci sondait en se mettant à l'eau et indiquait les passes de la main, tandis que les autres retenaient et dirigeaient l'embarcation, s'étant mis eux-mêmes à l'eau. Nous nous tenions debout à chaque extrémité de l'embarcation, considérant le paysage, quand une fausse manœuvre des hommes qui maintenaient la pirogue que nous montions, mon ami Paul de Neufville et moi, précipita mon compagnon de voyage dans le rapide. Je le vis un moment tournoyer dans le courant, heureusement il put saisir l'embarcation par le milieu et se maintenir suffisamment pour remonter à bord sans accident. Cet incident fit remonter nos hommes sur leur pirogue, et nous nous mîmes à filer à toute vitesse, gouvernés par la main sûre du pilote, qui auparavant éclairait notre flotille. Après notre dîner, d'eux-mêmes les hommes se préparèrent pour une marche de nuit; les courants étaient cependant rapides, mais sans danger, car nos Laotiens montraient une grande tranquillité. Vers neuf heures du soir, un grand bruit dans la rivière nous donna l'éveil, c'étaient des soufflements accompagnés d'un fort clapotis. Nos piroguiers me firent signe qu'un éléphant sauvage devait être là, prenant un bain dans la rivière. Je préparai mon express, et nous approchâmes sans bruit. Mais, à mon grand désappointement, nos boys, qui jouaient au bakouan dans leur pirogue, se mirent à partir de bruyants éclats de rire, et j'entendis fuir l'animal sans avoir pu l'apercevoir dans l'ombre des berges couvertes d'arbres.

Nous traversions là une forêt très giboyeuse, car, quelques minutes après, retentissait non loin de nous le rugissement du tigre se mêlant au mugissement éloigné de nouveaux rapides.

Il fallait s'arrêter pour éviter les accidents ; nous établîmes donc notre campement sur les berges du fleuve. La nuit le tigre rôda autour de nos feux et donna aux hommes une alerte sérieuse, qui les fit se réfugier près de nous dans les embarcations.

12 *mars*.

Stung-Treng. Le choléra. Départ hasardeux. Premiers orages.

Nous avions campé très près des rapides, car en

BANGKOK. — UN CANAL.

dix minutes de marche nous nous engagions dans les courants et filions rapidement. La rivière s'élargissait à vue d'œil, nous annonçant son estuaire, et à neuf heures nous étions en vue de Stung-Treng. Nous ne mîmes pas moins de deux heures à traverser l'immense bras que forment à la fois la Sékhong et le Mékong, et à onze heures nous retrouvions le résident et la colonie européenne.

Là nous attendaient de fâcheuses nouvelles. Le dernier convoi parti de Kratié avait été décimé par le choléra : sur cent-vingt-quatre piroguiers, vingt-quatre seulement étaient arrivés à Stung-Treng ; les pirogues avaient été en partie abandonnées, et toute la route était semée des cadavres des malades. Plusieurs cas de choléra s'étaient déjà déclarés dans la ville, et les nouvelles de Pnom-Penh annonçaient une épidémie des plus violentes, qui avait fait de nombreuses victimes parmi les Européens.

Le pis était que les Laotiens, affolés par les nouvelles qu'ils recevaient du Sud, refusaient catégoriquement de descendre le fleuve, que leur superstition faisait croire empoisonné.

Force nous serait, disait le résident, de rester jusqu'au rétablissement des communications, à moins que nous ne voulions tenter, ce qui était dangereux, de les rétablir nous-mêmes en amenant sains et saufs quelques piroguiers à Kratié. Quand ceux-ci seraient revenus, les autres prendraient alors confiance.

Le risque d'un tel essai était énorme. Les coolies démoralisés pouvaient nous abandonner quelque soir sur un banc de sable, et seuls nous risquions fort ou de perdre les embarcations dans quelque rapide, ou de laisser nos os blanchir en Forêt-Épaisse après avoir succombé à la fièvre des bois. Une telle décision devait être prise en commun, nous nous réunîmes en conseil et votâmes à l'unanimité pour le départ.

Le résident se décida donc à nous choisir les hommes les plus sûrs, et ce ne fut pas sans une certaine inquiétude que l'excellent M. F*** nous serra la main en nous souhaitant bon voyage.

Il s'agissait de prendre sur ces nouveaux hommes un ascendant énorme; il fallait leur faire craindre nos représailles en cas d'abandon, car de leur fidélité devait dépendre notre vie.

Je pris mon express et m'amusai à leur montrer la portée et la puissance de cette arme. J'eus la chance de toucher, à une distance énorme, un pélican dont je cassai la patte. Depuis ce moment les hommes semblèrent nous considérer avec plus de respect.

A la nuit tombante, de gros nuages noirs couvrirent l'horizon, et des éclairs se croisèrent dans la nue; nos hommes cherchèrent alors à nous accoster sur la rive du fleuve, mais c'était la rive de Stung-Treng; nous les dirigeâmes vers une île, ne leur laissant pas choisir leur mouillage.

Nous dûmes donc nous installer, tant bien que mal, sur une mauvaise berge peu abritée.

Nous dormions tranquilles dans nos pirogues, sûrs ainsi de ne pas avoir à redouter de fuites parmi nos piroguiers et nous croyant fort en sûreté, lorsqu'à minuit nous fûmes éveillés par un fort balancement de nos pirogues et un bruit de vagues déferlant sur la rive. Un véritable ouragan venait de se déchaîner, les pirogues, bientôt, embarquaient de toutes parts, et nous devions les décharger et quitter nos lits inondés pour laisser les embarcations s'échouer sur la berge. Le reste de la nuit se passa fort mal pour nous sous un vent furieux; le Mékong avait grossi, et de fortes lames déferlaient avec bruit sur la rive, tandis qu'une poussière humide venait nous fouetter la figure et contribuer avec le vent à troubler notre sommeil. On se serait cru sur le bord de la mer un jour de mauvais temps, et nous ne nous attendions guère à cette impression en naviguant sur le fleuve.

13 *mars*.

Gros temps sur le fleuve. Un naufrage.
Premières inquiétudes.

Le lendemain matin, le temps ne s'était guère embelli, le vent soufflait toujours avec violence, et la prudence eût commandé d'attendre l'accalmie, mais être pressé n'est-il pas très Français? Aussi donnâmes-nous, un peu inconsidérément, il faut l'avouer, l'ordre du départ. Nos pirogues prenaient du roulis comme en mer et embarquaient à chaque lame; force nous était d'écoper avec tout ce que nous avions sous la main. Il fallait lutter avec soin contre l'envahissement de l'eau, car plus la pirogue enfonçait et plus l'envahissement devenait rapide.

Il y avait environ deux heures que nous marchions, lorsque nos hommes nous montrèrent avec inquiétude derrière nous et par signes nous firent comprendre que quelque chose d'extraordinaire se passait là-bas. Nous leur fîmes signe d'aborder à un îlot assez à l'abri et pûmes voir un spectacle qui nous navra. L'une de nos pirogues, celle qui contenait nos effets, et où s'était installé notre ami Paul de Neufville était coulée, heureusement près de la terre, et déjà nos boys, demi-nus, sauvaient ce qu'ils pouvaient du naufrage au milieu des vagues qui déferlaient assez fort en cet endroit. Nous dûmes retirer nos chaussures et remonter vers l'endroit du naufrage, grâce à Dieu, peu profond; en quelques minutes nos affaires trempées, beaucoup d'entre elles, hors de service, séchèrent au soleil, fort à propos très chaud ce jour-là.

Paul de Neufville nous raconta alors ce qui était arrivé. Comme la nôtre, sa pirogue embarquait à chaque lame; mais, seul, il luttait difficilement contre l'envahissement de l'eau. La pirogue s'enfonçait à vue d'œil, et, lorsqu'il vit qu'elle était prête à couler, il donna l'ordre de rallier la terre. En approchant d'un banc de sable, les lames se faisant plus fortes sur le haut fond, l'une d'elles envahit tout entière l'embarcation, qui coula heureusement par 1 mètre tout au plus, ce qui nous avait permis de sauver nos affaires.

Il ne nous restait qu'à camper là quelques heures afin de donner le temps à nos effets de sécher et remettre à sa juste valeur un petit incident de voyage que plusieurs d'entre nous déploraient plus que cela n'en valait la peine à cause du retard.

Pendant ce repos, nous envoyâmes l'un des boys chercher du renfort à un village que nous apercevions non loin de là ; mais les habitants se refusèrent à nous accompagner et à nous louer des embarcations pour aller vers Kratié. Nous ne pûmes trouver qu'une toute petite pirogue et deux hommes, ce qui nous permit cependant d'alléger la pirogue coulée.

Nous pûmes donc repartir dans le courant de la journée; le temps s'était calmé et le fleuve avait repris son aspect tranquille. Nous allions enfin trouver le calme désiré, du moins nous le croyions. Il en devait être autrement ce jour-là! Je n'étais pas installé depuis une heure dans mon embarcation qu'un de mes piroguiers cessa tout à coup le travail, se coucha à mes pieds et se mit à se tordre en se plaignant de coliques; son teint, décoloré, était effrayant, je connaissais ces symptômes et vis de suite toutes les conséquences que pouvait avoir un pareil incident. Si cela était une attaque de choléra! Si plusieurs cas se déclaraient sur nos pirogues ou si cet homme venait à mourir, il ne pouvait y avoir d'ascendant humain capable d'arrêter la panique de nos hommes et nous étions sûrs d'être abandonnés. Il s'agissait pour moi de soigner énergiquement ce malheureux et d'avoir l'air rassuré sur son compte. Je lui fis signe que je me connaissais en médecine et que ce n'était rien, une simple colique prise par le séjour prolongé dans l'eau en sauvant nos affaires. Je lui administrai en même temps une forte dose d'Élixir Parégorique. — Ce remède parut le soulager un peu; d'ailleurs j'ai remarqué plus tard que les Laotiens ont une grande confiance dans nos remèdes et que l'imagination aide beaucoup à leur guérison. Il est certain que mon homme sembla se remettre un peu et que pendant le reste de la journée, il occupa moins l'attention de ses camarades: c'est ce que je désirais par-dessus tout. Ce jour-là le temps me parut long, seul en face de ce malade; cependant, je résolus d'embarquer dans la même pirogue le lendemain, afin de surveiller ses actes.

14 *mars.*

Une mauvaise nuit.
Difficultés dans les rapides de Préapatang.

La nuit était orageuse, des éclairs coupaient à tout instant l'horizon en zig-zag et nous faisaient craindre l'apparition de la saison des pluies. Cependant nous n'avions pas encore reçu une goutte d'eau. Malgré les roulements du tonnerre et les éclairs, je m'endormis profondément, très fatigué de cette dure journée. J'appris le lendemain que tout le camp avait été en ébullition dans la nuit. Un crocodile avait sauté hors de l'eau avec le mugissement bien connu de ces sauriens: nos compagnons et plusieurs Laotiens avaient cru à une attaque de tigre. Le premier sommeil passé, nos malheureux amis n'avaient pu prendre de repos, dévorés qu'ils étaient par des centaines de moustiques. Pour moi, mon sommeil avait dû tenir de la léthargie, car j'avais la figure et les mains horriblement enflées, et toute la matinée je souffris beaucoup des caresses de ces désagréables hôtes.

Au départ, deux coolies manquaient. Profitant sans doute du désarroi causé par le crocodile, ils avaient déserté.

Nous aurions dû nous méfier, car deux perspectives n'étaient guère pour rassurer les hommes ce jour-là : notre malade qui n'était pas mieux et l'approche des rapides de Préapatang, qui, grossis par quelque orage dans le Nord, ne nous promettaient pas d'être faciles à passer.

Les courants avaient doublé depuis notre premier passage, et l'aspect du fleuve avait complètement changé. Il est certain que pour reconnaître les passes, il faut être comme les Laotiens, tous les jours sur sa pirogue et posséder un œil de praticien que d'excellents mariniers auraient peine à avoir.

Il était environ sept heures et demie, nous devisions, avec Jean de Neufville et Herbet, assez gaiement, sur nos vicissitudes de voyage en filant à une bonne vitesse, poussés par les courants des rapides. Nos hommes évitaient habilement à coups de gaffes et de rames les tourbillons que nous voyions se former autour de nous. Tout à coup, en regardant par derrière, nous vîmes la pirogue de Paul tourner sur elle-même dans une position qui nous parut critique ; puis, le courant nous traînant malgré tout, un rocher fit tout disparaître à nos regards.

Impossible de nous arrêter avec cette vitesse, nous passâmes un quart d'heure d'horrible angoisse. Enfin nos pirogues, lancées dans les eaux calmes d'un bief, vinrent enfin accoster quelques îlots de rochers. Nous attendîmes, montant sur les pointes de rochers, rien n'apparaissait à l'horizon. Notre voyage si bien commencé allait-il se terminer par un horrible accident? Une inquiétude poignante nous étreignait tous, et nous n'osions pas échanger nos sentiments.

Il nous fallait remonter jusqu'au lieu où nous présumions qu'était arrivé l'accident; mais cela nous demandait au moins quatre heures d'efforts. Je montai dans la petite pirogue que nous avions conservée depuis notre naufrage, pensant pouvoir gagner du temps, mais le courant était plus dur encore que je pouvais supposer, et nous ne faisions pas 3 mètres en cinq minutes. Enfin mes compagnons, montés sur une roche, me firent de grands signes, ils apercevaient notre ami et sa pirogue, l'embarcation descendait à toute vitesse. Encore une fois nous en étions quittes pour la peur.

A l'arrêt du déjeuner, nous nous fîmes raconter ce qui s'était passé.

La pirogue de notre ami avait, en effet, été prise dans un des tourbillons que nous avions pu éviter, deux tolets des rames avaient cassé net, gênant les piroguiers dans leur manœuvre. Plusieurs d'entre eux prirent peur et abandonnèrent tout travail; les boys Annamites heureusement avaient vu le danger et, se jetant à l'eau, étaient arrivés à accoster avec notre ami l'embarcation le long d'un rocher. Un village était près de là, Paul de Neufville s'y était rendu et était arrivé à réquisitionner deux hommes. Grâce à cette équipe nouvelle, la pirogue manœuvrait parfaitement, et nous avions de bons pilotes.

L'embarcation passa donc la première, nous montrant le chemin, et nous poursuivîmes notre route avec un gros poids de moins sur le cœur[1].

Mais l'ère des inquiétudes, si bien commencée, n'était pas près de finir.

Le chef coolie de notre convoi ne tarda pas à engager, avec notre boy interprète, un long palabre, que celui-ci me résuma en ces simples mots : « Coolies approcher Samboz, eux peur, eux f... le camp. » Cette expression peu académique est assez générale chez les boys annamites, auxquels nous apprenons trop souvent un français aussi peu académique que mal épuré. Nous aurions ri dans toute autre circonstance ou lui aurions donné quelque leçon, mais nous n'y songions guère en ce moment.

A peine l'homme avait-il terminé son discours que nous nous aperçûmes de la disparition d'un des hommes ; force nous fut alors d'user d'une surveillance des plus étroites à leur égard.

A cette nouvelle disparition vint s'ajouter un nouveau malade ; notre effectif se réduisait de jour

1 Ces petits désagréments de voyage sont bien une preuve de ce qu'écrivait M. Grindrod dans son ouvrage : *Siam*.

« Des Français experts avouent que le Mékong est aussi « impraticable pour le commerce chinois sur un large espace que « le sont la Rivière-Rouge et la Rivière-Noire. Dans ces circons- « tances, on peut assurer avec sécurité que l'*Iraouaddy*, le *Salonen* « et la *Ménam* conserveront longtemps leur prédominance natu- « relle comme voies de communication pour les produits du « Yunnam. »

en jour. Heureusement la distance qui nous séparait de Samboz n'était plus bien longue, et là nous étions sauvés.

Le soir nous campâmes sur un banc de sable et nous nous mîmes à danser et à chanter. Notre exemple entraîna quelques-uns des piroguiers, qui nous firent entendre de ces chants exotiques qui portent à rêver par les belles nuits tropicales.

15 *mars*.

Samboz. Arrivée à Kratié.

En deux heures nous étions à Samboz. Mes amis descendirent pour serrer la main du jeune résident qui nous avait si bien reçus à notre premier passage. Quant à moi, je restai à la garde des pirogues et surtout des piroguiers. Le résident eut la bonté de venir jusqu'à nous et nous apprendre les nouvelles. Le choléra sévissait en ce moment à Pnom-Penh. Kratié en souffrait moins, mais il y avait eu plusieurs cas mortels à Samboz.

Somme toute, la situation était désagréable, mais à Stung-Treng on avait exagéré, apprenant la nouvelle par des coolies affolés.

Nous pouvions donc continuer notre route sans aucune crainte ; nos hommes maintenant paraissaient plus rassurés, ils avaient sans doute pris de leur côté des renseignements.

A midi, nous nous arrêtâmes sur un banc de sable. Nous préparions à déjeuner pour la première fois sans inquiétude, quand nous nous aperçûmes, avec stupeur, de la disparition de l'un des nôtres et d'un boy. Paul de Neufville, pensant toujours à son paquebot, venait de nous quitter, seul dans une petite pirogue, pagayant lui-même avec son boy.

Devant nous s'étendaient les rapides de Samboz, et le soleil était, ce jour-là, des plus ardents. Qu'allait-il advenir de notre ami ? Nous lui connaissions un grand sang-froid et beaucoup de santé, mais l'acte qu'il venait d'accomplir était une grosse imprudence. Nous hâtâmes donc le départ et firent force rames sur Kratié. A six heures du soir, nous atteignions la porte où M. L***, le résident, nous recevait et nous annonçait qu'il avait pris soin lui-même de notre ami. Celui-ci était arrivé épuisé, à trois heures de l'après-midi, mourant à moitié de faim, avec des coups de soleil un peu partout. Heureusement, le repos qu'il avait pris en nous attendant l'avait déjà remis, et nous le trouvâmes sur pied, avec le teint rouge de l'homme qui a passé sa journée sous un fort soleil.

Séparation de notre bande.
Départ pour Bang-Kok.

Notre tournée était donc finie : nous allions partir

pour des pays plus civilisés, puis nous sçinder suivant nos goûts. Jean de Neufville, Herbet et moi, avions opiné pour le Siam, Paul tenait à voir Java. Nous allions donc prendre, chacun de notre côté, un paquebot différent. Et comme nous étions encore, malgré nos fatigues et les leçons que nous avions reçues en sens contraire, des voyageurs à toute vapeur, nous nous offrîmes un dîner d'adieu, quelques jours plus tard, sur le paquebot des Fluviales nous emmenant à Saïgon.

Il y a deux manières d'aller à Bang-Kok. On peut prendre le paquebot des Messageries fluviales, qui, tous les huit jours, fait le service régulier de Saïgon à Bang-Kok, ou bien se rendre par le grand paquebot des Messageries à Singapour et de là monter dans le golfe par une des compagnies de Cargot boats anglais, qui font le cabotage du riz. Les Blue-Funnels sont les meilleurs, bien que leur marche soit peu rapide et leurs départs très irréguliers.

C'est ainsi que nous arrivâmes, réduits au nombre de trois, avec deux boys annamites, à la capitale du Siam, le 30 mars, après une traversée de trois jours et demie.

CONSIDÉRATIONS GÉNÉRALES SUR LE BAS-LAOS

La région que nous avons visitée est, en somme, susceptible d'une grande richesse. Au point de vue de l'agriculture, les clairières *dans la Forêt-Épaisse* sont toutes riches en eau ; des pâturages naturels s'y forment, et là où les animaux sauvages viennent actuellement paître, des troupeaux d'animaux domestiques pourraient être élevés. La terre est excellente pour faire des rizières, et le coton viendrait très bien sur les bords du fleuve. Mais c'est surtout au point de vue minier que le Laos est riche ; on y signale la présence de gisements d'or, de cuivre, d'étain, de fer, etc. Des Sociétés se sont formées pour tenter l'exploitation de ces richesses. La Société d'Attopeu n'ayant pas réussi comme elle désirait, dans l'exploitation de l'or, vient de se rejeter sur le cuivre, dont elle a trouvé de très riches minerais[1].

[1] Malheureusement, pour tous ces travaux, une main-d'œuvre sérieuse est nécessaire. Puisque notre politique nous écarte de plus en plus de l'idée de pouvoir utiliser la main-d'œuvre du pays ; les mines pourraient peut-être employer la main-d'œuvre chinoise, mais il faudrait auparavant beaucoup rassurer les Célestes, parmi lesquels le Laos jouit d'une déplorable réputation. D'un autre côté, nombre d'opinions sont contraires à ce procédé artificiel et dangereux. Cependant, notre grand économiste, Leroy-Beaulieu (*Colonisation chez les Peuples modernes*, p. 204), reconnaît

« Nous aimerions mieux voir, nous disaient plu-
« sieurs, nos populations prendre les armes et se
« défendre contre nous que d'avoir à lutter contre
« le système de résistance des Laotiens.

« S'agit-il, sur la côte française, de la construction
« d'une route ou de quelque travail, la population
« du village décroît de jour en jour et le village

vers le nord jusqu'à la frontière chinoise, le thalweg du Mékong formera la limite des possessions ou sphères d'influence de la France et de la Grande-Bretagne. Il est convenu que les nationaux et les ressortissants d'aucun des deux pays n'exerceront une juridiction ou autorité quelconque dans les possessions ou la sphère d'influence de l'autre pays.

IV. Les deux gouvernements conviennent que les privilèges et avantages commerciaux ou autres, concédés dans les deux provinces chinoises du Yunnan et du Setchuen, soit à la France, soit à la Grande-Bretagne, en vertu de leurs conventions respectives avec la Chine du 1er mars 1894 et du 20 juin 1895, et tous les privilèges et avantages de nature quelconque qui pourront être concédés par la suite dans ces deux mêmes provinces chinoises soit à la France, soit à la Grande-Bretagne, seront, autant qu'il dépend d'eux, étendus et rendus communs aux deux puissances, à leurs nationaux et ressortissants, et ils s'engagent à user, à cet effet, de leur influence et de leurs bons offices auprès du gouvernement chinois.

V. Les deux gouvernements conviennent de nommer des commissaires délégués par chacun d'eux, et qui seront chargés de fixer de commun accord, après examen des titres invoqués de part et d'autre, la délimitation la plus équitable entre les possessions françaises et anglaises, dans la région située à l'ouest du Bas-Niger.

VI. Conformément aux stipulations de l'article XL de la convention générale conclue entre la Grande-Bretagne et la régence de Tunis le 19 juillet 1875, qui prévoit une revision de ce traité « afin que les deux parties contractantes puissent avoir occasion de traiter ultérieurement et de convenir de tels arrangements qui puissent tendre encore davantage à améliorer leurs relations mutuelles et à développer les intérêts de leurs nations respectives », les deux gouvernements conviennent d'ouvrir immédiate-

« Siamois, en face, voit se bâtir autour de lui de « nouvelles maisons. »

Aussi serait-il difficile de donner exactement la population du Laos, elle dépend des travaux à faire sur l'une ou l'autre rive du Mékong, et la province la plus peuplée est celle dirigé par le résident qui ne cherche pas à développer sa région[1].

ment des négociations en vue de remplacer ladite convention générale par une convention nouvelle répondant aux intentions annoncées dans l'article qui vient d'être cité.

Fait à Londres, le 15 janvier 1896.

(*L. S.*) Alph. DE COURCEL.
(*L. S.*) SALISBURY.

Ajoutons à cette note quelques mots d'un interview paru dans le *Morning Post* du 29 janvier et reproduit dans la *Politique Coloniale*. Nous verrons par là que le roi de Siam lui-même reconnait tous les inconvénients de cette ridicule délimitation : « Il y a trois points sur lesquels nous sommes actuellement en « litige avec la France : la question de l'unimatriculation, celle de « Luang-Prabang, celle qui concerne la zone de 25 kilomètres : « dans chacun de ces cas, c'est le traité de 1893 qui est en cause, « traité qui fixait le Mékong comme limite entre les possessions « françaises et le Siam. »

Plus loin apparait le fonds de cette discussion irrémédiable et éternelle provenance d'une limite impossible.

« Je reconnais que la France a le droit d'exiger que nous « remplissions rigoureusement les conditions auxquelles on nous « a soumis au moment de signer le traité ; mais il est difficile « d'admettre que mon gouvernement doit passer son autorité aux « administrations locales en ce qui regarde la zone de 25 kilo- « mètres. »

Le rédacteur anglais se permet d'ajouter qu'il ne croit pas exagérer les intentions du roi, quand il dit que, si le royaume de Siam était sérieusement menacé par la France, le roi n'hésiterait pas à demander le Protectorat de l'Angleterre.

1 Nous lisions, il y a quelque temps, dans le *Bangkok Times*, l'organe de l'influence anglaise au Siam (2 avril 1895, mardi) : « Un journal anglais, le *Siam Free Press*, dont les opinions avaient tou-

C'est pourquoi, malgré notre présence, malgré les prospections déjà commencées, aucune voie de communication ne s'est faite, et la meilleure est encore le Mékong, possible en saison des pluies, bien incommode en saison sèche, pour ne pas dire impraticable aux marchandises autres que de simples ravitaillements.

Le Laos est donc impossible à gouverner tant que le Mékong formera la limite de nos possessions. Cette frontière sera sans cesse la cause de revendications, de conflits incessants. Comment déterminer si une famille est Siamoise ou Française? Elle a habité deux ans une des rives, deux ans l'autre, de là difficultés sans cesse renaissantes, où l'insolence des Siamois, depuis quelques années, ne connaît plus de bornes.

Que de fois ai-je entendu de bons patriotes me

jours été favorables à nos agissements, se plaignait que les Siamois aient forcé plusieurs familles à émigrer de notre rive sur la leur. » « Il n'y a rien dans le traité, répond le *Bangkok-Times*, permettant à l'une ou l'autre puissance de forcer les habitants à vivre sur l'une ou l'autre rive. S'il y a un mouvement (et nous n'en avons pas entendu parler) de la rive gauche vers la rive droite, cela prouve simplement que les habitants du Laos préfèrent les Siamois à leurs législateurs français, et ce n'est guère surprenant lorsqu'on constate le peu d'enthousiasme que les Annamites montrent pour leurs maîtres. Avec la méthode du ministère des Colonies qui réclame des coolies annamites pour l'expédition de Madagascar, il est évident que les liens qui unissent le premier et le dernier n'ont rien d'un semblant d'affection. »

On voit par là l'importance qui attache la politique anglaise à cette limite indéterminée qui arrête chez nous tout développement.

CHAPITRE IV

AU SIAM

Bang-Kok. Aperçu général de la ville.

On a nommé la ville de Bang-Kok la Venise de l'Extrême-Orient, et ce n'est pas sans raison. Mais, si Bang-Kok est ravissante vue de la Mé-Nam, elle est bien moins attrayante une fois entrés dans la ville. Des canaux malpropres, a demi desséchés et pleins d'une vase puante, passent sous des coûbas en bambous à côté de rues larges et traversées de tramways électriques. La capitale est bien la représentation de ce qu'est le peuple Siamois, une civilisation artificielle cachant une sauvagerie de mœurs et d'idées qui choque à tous les pas l'observateur le moins perspiscace.

En arrivant par le fleuve, on est d'abord frappé de l'activité qui règne autour de la ville. Des caboteurs anglais et allemands, des voiliers suédois, norvégiens et danois chargent et déchargent sans cesse leurs marchandises, d'élégantes pagodes dressent leurs toits couverts de micas brillants à côté de tuyaux d'usine dont les torrents de fumée indiquent le travail et la richesse, des quantités de petits vapeurs sillonnant les eaux jaunes de la Mé-Nam, faisant communiquer l'une et l'autre rive et tournant autour des stationnaires des différentes nations européennes[1]. Au fond de la rivière, plusieurs grands navires de guerre siamois donnent l'impression d'un peuple qui s'est développé militairement aussi bien que commercialement. Si l'on va plus au fond des choses, on apprend que, pour le commerce, le pays est incontestablement riche, et les Européens qui tiennent la tête des compagnies de navigation y font de bonnes affaires; mais il n'en est pas de même pour la puissance apparente du pays. Ces navires de guerre n'ont servi de rien en 1883. Montée par des équipages mal formés, difficiles à éduquer, par des officiers que la faveur plus que le mérite personnel ont fait arriver à leur grade, cette flotte, en apparence forte, n'est qu'un instrument de luxe qui ne pourrait servir qu'à la condition d'être dirigée par des Européens. C'est à peine, dit-on, si elle est armée, et l'on revient bien vite de l'opinion super-

[1] Le chiffre du commerce se monte à 410.890 tonnes (*Norman Far-East*).

UNE PRINCESSE.

ficielle que donne le magnifique aspect de la Mé-Nam[1].

Arrivée à Bang-Kok.

A peine avions-nous mis le pied sur le quai, qu'une bande de gens malpropres, portant des tenues de toile cachou et des casques blancs qui n'avaient jamais été nettoyés, se précipitèrent sur nos malles et confisquèrent nos fusils. C'était la douane. J'avais eu autrefois affaire à la douane japonaise, et ce petit être jaune à la figure simienne, exigeant de moi l'ouverture de mes colis, m'avait donné de fortes démangeaisons dans le bout de la botte; la douane siamoise me dégoûta profondément. Après avoir fouillé nos affaires avec la dernière barbarie et avoir sorti, à notre grande joie, d'un sac de matelot qui me servait de débarras une de mes vieilles paires de botttes moisies par nos bains dans le Mékong, ces imitateurs déplorables de la civilisation s'en allèrent en gardant nos fusils. Pour les avoir, nous dit-on, il faut solliciter, par

[1] La grande activité qui règne sur le fleuve tient beaucoup à sa navigabilité sur la plus grande partie de son cours, c'est ce qui fait dire à M. Grindrod dans son livre *Siam*.

« La Menam est la seule rivière non anglaise capable de prendre « le commerce de la Chine sans y entrer.

« Le Mékong est, à cause des nombreux rapides dispersés à de « longs intervalles sur son cours, pratiquement inutile pour le « commerce chinois, et les rivières du Tonkin ne valent guère « mieux. »

l'intermédiaire de la légation, l'autorisation de porter une arme; encore faut-il que cette arme soit reconnue arme de chasse. Cela me rappelle les précautions que nous prenons au Tonkin contre les pirates. Évidemment ces gens nous considèrent comme des barbares. Nous nous engageâmes bientôt dans la grande rue pour joindre l'Oriental-Hôtel. Là règne une grande activité : des boutiques de marchands chinois vendent et échangent sans cesse; des Siamois et des Siamoises circulent, les premiers nus jusqu'à la ceinture, les autres se couvrant parfois la poitrine d'une étoffe de couleur voyante; tout ce peuple tient, dans son allure, du Cambodgien et du Laotien; sauf quelques différences de costume à peine sensibles[1].

Des agents de police malpropres, le bâton à la main, surveillent gravement la foule; mais leur

[1] Le Cambodgien porte le sampot et se promène nu jusqu'à la ceinture, sauf les mandarins, qui portent la petite veste blanche, à col droit, bien connu aux colonies.

La Cambodgienne porte le sampot déplié en jupon, parfois formant culotte et les cheveux courts à la Bressant.

Le Laotien est vêtu de même que le Cambodgien, mais la Laotienne porte l'étoffe en forme de jupe ou de sin et les cheveux en chignon avec un petit toupet caractéristique.

Le Siamois porte le même vêtement, mais la Siamoise porte toujours le sampot en culotte et les cheveux courts et à la Bressant.

Tous chiquent le bétel, et au Siam cette habitude est considérée comme nationale. Une des princesses revenant de France, s'était mise à s'habiller à l'européenne et montrait de jolies dents blanches en souriant. Chulalongkorn lui enjoignit de remettre le sampot et de chiquer le bétel.

demi-nudité leur ôte cette gravité paternelle du policeman anglais, dont la taille et la rondeur en imposent aux populations. La première chose que nous fîmes fut de demander la Légation de France. On nous indiqua un grand bâtiment auprès de la Légation anglaise, coquette villa toute blanche, toute neuve et dominant fièrement le fleuve. Nous ne tardâmes pas à tomber dans une enceinte aux murs verdis, au fond de laquelle était la maison d'habitation du ministre, fort belle, mais couverte de mousse. Le jardin était une véritable jungle ; après avoir erré quelque temps parmi les hautes herbes, nous pûmes monter chez le ministre, à ce moment M. P***, qui nous reçut fort bien et nous promit de nous faire rendre nos fusils. On nous fit passer dans le bureau, nous couvrîmes dix feuilles de papier, et on nous annonça que, dans cinq ou six jours, les formalités seraient terminées. Entre les deux administrations, Française et Siamoise, cela n'avait rien d'exagéré, aussi ne fûmes-nous pas étonnés outre mesure qu'une chose si simple fît tant de difficultés. Le soir, sur la terrasse de l'Oriental-Hôtel, nous eûmes une longue conversation avec un officier de marine du *Pluviers*, le stationnaire français ; il nous raconta bien des traits intéressants de sa vie à Bang-Kok pendant les temps derniers et s'enhardit jusqu'à nous parler de situation politique ici.

Ce que j'avais entendu dire par les résidents du

Laos, je l'entendis répéter par l'officier, avec ce bouillonnement du vrai patriote qui souffre au fond du cœur d'une insulte faite au drapeau plus encore que si elle eût été faite à lui-même.

L'armée siamoise, nous dit-il en terminant, est assez bien organisée par des officiers danois[1], mais il en est d'elle comme de la marine : le jour où ses officiers européens ne seraient plus là, laissée à ses officiers siamois, elle ne tarderait pas à se débander et serait à la merci de quelques compagnies de débarquement.

31 *mars.*

Le collège des Missions étrangères.

Le seul établissement français que nous ayons à Bang-Kok est le collège des Missions étrangères, encore la chaire de français n'y a-t-elle été créée qu'il y a trois ans, lors de notre occupation du Laos. L'anglais est bien plus demandé : un Siamois sachant l'anglais trouve à se placer plus facilement dans n'importe quelle Administration.

Le collège de Bang-Kok est fort bien compris, et,

[1] En 1883, plusieurs officiers danois ayant exprimé le désir de rester à la tête de leurs troupes et de combattre avec elles contre nous, le commandant de notre petite flotte signifia que, s'il passait quelque Européen que ce soit les armes à la main, il le ferait pendre à la grande vergue. Cette juste menace attire encore les plaintes des officiers européens de l'armée siamoise, et cependant, je ne crois pas qu'en Europe les Danois, qui sont si galants, eussent approuvé la conduite de leurs compatriotes.

malgré notre impopularité et la crainte des mandarins, beaucoup de parents y envoient leurs enfants.

Les jeunes Siamois, nous ont dit les Pères, ont l'intelligence vive, comprennent facilement, mais ne cherchent jamais à compléter leurs connaissances par des questions. Il faut que le maître prévoie les objections qui pourraient naître dans l'esprit de l'élève. C'est un caractère tout opposé à celui du jeune Annamite, qui a la soif de s'instruire et embarrasse parfois par ses questions incessantes.

La Ville Royale.

Une des jolies promenades de la ville est un tour à la Ville Royale. Une grande place en forme le centre. Tout autour se détachent, éclatants de blancheur, les murs du palais, dominés par les toits en mica des pagodes et coupés de tourelles où brillent des couleuvrines et des canons de petit calibre. Au centre de la place, un kiosque à musique, des bancs, des promeneurs européens, on se croirait transporté subitement dans quelque ville de nos régions. En face du palais, une caserne d'infanterie, fort bien construite et dans le style que nous employons, complète l'illusion. C'est la musique de ce régiment de la garde qui joue tous les deux ou trois jours en face du palais.

En attendant la musique qui devait jouer ce jour-là, nous allâmes voir la maison d'un mandarin et ses écuries. Dans les remises étaient des chars entièrement dorés et magnifiquement sculptés, sans doute pour les cortèges royaux. Près de la maison s'élevait le Musée, car, bien entendu, une ville qui a la prétention de paraître européenne ne peut manquer d'avoir son musée. Autour du musée, des pièces d'artillerie encore en usage et rangées dans de petits bâtiments spéciaux étaient gardées par des soldats déguenillés, assis sous les armes et causant avec des pékins en costume sommaire, Nous pûmes, sans recevoir la moindre observation des sentinelles, circuler dans tout cet armement: sans doute, le chef du poste avait oublié de leur donner la consigne; il paraît que cela arrive le plus souvent.

A l'intérieur du musée sont d'autres pièces de canon anciennes, magnifiquement sculptées et d'un travail d'art remarquable; puis, à côté, de petites pièces de campagne nouveau modèle, mais celles-ci sont enfermées dans une cour grillée en bois. Ce nous parut être une acquisition récente du Gouvernement siamois.

La salle de l'art siamois a été réellement bien classée : des objets d'origine khmère et fort intéressants sont placés devant l'art moderne, représenté surtout par des porcelaines assez jolies, mais peu appréciées, nous a-t-on dit, en Europe. Le jade et le cristal de roche sont très à la mode à Bang-Kok, et le musée possède de jolies statues de ces deux matières.

Il y a également, vers le milieu de la grande salle, une collection remarquable de défenses d'éléphants. Je ne crois pas qu'on puisse trouver une plus riche et plus belle réunion de pièces de réelle valeur.

Quant à la partie d'histoire naturelle, la classification était tellement naïve que nous ne pûmes nous empêcher de rire à gorge déployée lorsque nous visitâmes la salle des animaux empaillés. Pour en donner une idée : Nous lûmes sous un lion empaillé, dont l'air honteux correspondait fort bien avec l'étiquette qui lui avait été octroyée par les savants naturalistes de l'endroit :

« Lion. — Wild beast. »

« Lion. — Bête sauvage. »

La dernière salle que nous visitâmes était celle des souvenirs historiques. De superbes harnachements, des débris de chars ayant servi aux enterrements des différents rois, y sont exposés. Parmi les pièces les plus récentes, nous remarquâmes la brouette en ébène incrustée d'argent qui servit au roi à jeter la première pelletée de terre du chemin de fer de Bang-Kok à Pak-Nam.

Des accords lointains nous annoncèrent que la musique commençait; nous nous rendîmes à la place du Palais ; à ce moment, les musiciens attaquaient l'hymne national. Une garde de trente hommes, commandés par un sous-officier, sortit et présenta les armes assez régulièrement pendant la durée de l'hymne. La musique en est grave, très solennelle, et les musiciens l'exécutèrent fort bien.

Nous sortîmes avec l'illusion d'un peuple civilisé[1].

Le Ouate-Saket.

Notre guide, bon officier de marine, auquel nous faisions part de nos impressions, se mit à sourire

[1] Une très juste appréciation a été donnée de cette aparence formidable de l'armée siamoise, en réalité si embryonnaire, par le *Siam Free Press* (30 octobre 1895).

« With this Siamese habit of gildnig with formidable names « every little attempt at organisation, the term « land forces of « the Kingdom » of Siam suggest a large and well equipped mili- « tary organisation. The picture formed by the total stranger to « Siamese ways would be that of a perfect little army ready to « go anywere and do anything. But, Instead of a well trained « infantry he would fuid a few hundred slovenly fellows who « evidently looke upon soldiering as a great bore and who made « no disquise of their disgut. The artillery is more ridiculously use- « less than infantry and bold waler cavalry. This important arm « of the army boasts half a score or so of condemned German « pieces dragged along the roads when needed for salutes by « neatly embroidered Mandla ropes. But, as the brass sights of « these pieces were stolen soon after they arrived from Germany « it is questionable whether they would prove very dangerous to « an ennemy. »

et nous dit : « Avant dîner, il faut que je vous fasse voir encore quelque chose. »

Et, quelques minutes après, nous pénétrions dans une sorte de pagode assez vieille, au milieu de laquelle se trouvait une cour couverte d'herbe et des arbres blanchis, non pas à la chaux comme nous crûmes d'abord, mais par la fiente d'innombrables vautours. Quelques-uns d'entre eux se promenaient gravement près de mendiants immondes, présentant des plaies répugnantes. Une odeur nauséabonde s'échappait de cet horrible endroit. L'officier fit signe à deux hommes qui se promenaient non loin de là, et leur glissa dans la main deux ticaux[1]. Ceux-ci alors nous firent assister au spectacle le plus répugnant que j'aie jamais vu dans mon existence. Ils s'avancèrent vers une sorte d'amas de boîtes et en sortaient deux cadavres raidis dont l'un, mort du choléra sans doute, était horriblement contorsionné.

Puis ils placèrent ces deux objets d'horreur au milieu de la cour. Les vautours se mirent à descendre des arbres et s'avancèrent vers le groupe des deux hommes. L'un d'eux saisit une longue perche en bambou et maintint les oiseaux à dis-

[1] Le tical est la monnaie courante au Siam.

Le tical vaut 2 shilling anglais environ ou 4 salangs en monnaie du pays ; le salüng vaut 2 füangs, et le füang 2 atts.

On appelle un catie 80 ticaux mais le cattie n'existe pas en monnaie courant.

tance, laissant approcher d'horribles chiens couverts de gale vers le centre du cercle formé par les vautours. Le second avait tiré de sa ceinture un large couteau et se mit en devoir de découper, sur l'un des cadavres, des lambeaux de chair qu'il lançait aux chiens. Cela me rappelait la curée dans une chasse à courre, mais quelle ignoble et dégoûtante curée! Lorsque le cadavre ne fut plus qu'une masse rougeâtre et que les chiens, repus, se furent écartés, l'homme à la gaule lança cette dernière au loin, et tous deux s'écartèrent vivement. Avec un bruissement d'ailes extraordinaire, les vautours se précipitèrent sur leur proie; bientôt le cadavre fut couvert d'un tel amoncellement d'oiseaux que nous ne pouvions l'apercevoir, mais nous en voyions s'enlever avec d'énormes morceaux de chair qu'ils allaient parfois se disputer dans les arbres. Après cinq minutes de mouvement, les oiseaux s'écartèrent et nous pûmes apercevoir un squelette rouge, hideux, dont les mains et la figure étaient encore couvertes de peau. Cette vue complétait bien l'horreur de tout ce que nous avions regardé depuis un quart d'heure, et nous nous en allâmes, ne pensant plus à admirer la civilisation européenne du peuple siamois.

Cette pratique religieuse du bouddhisme de vouer son corps aux chiens et aux vautours est fort connue. Tout le monde a entendu parler de la Tour du Silence, à Bombay qui, dans des conditions analogues sert de sépulture à la secte des Parsis. Il en est de même au Ouate-Saket. Les prisonniers et les saints qui ont fait des vœux sont ainsi traités, puis leurs squelettes sont brûlés et les cendres jetées au fleuve, en symbole du mépris des choses d'ici-bas et pour affirmer à tous la supériorité de l'âme sur le corps.

Mais pourquoi donner à des sentiments aussi élevés une expression aussi hideuse? il est vrai que nous pûmes nous apercevoir de la supériorité de l'âme sur le corps, car il nous fut impossible de dîner ce jour-là.

1er avril.

La fête de Bismarck à Bang-Kok. Patriotisme d'un missionnaire. La pagode du Palais. Le Sam-Peingh. L'école militaire du Siam.

Après avoir été privés de dîner, être privés de sommeil n'a rien de séduisant, et c'est ce qui nous arriva dans les circonstances les plus désagréables pour des Français bons patriotes. La colonie allemande de Bang-Kok donnait un grand banquet en l'honneur de Bismarck. Les Siamois avaient prêté leur musique pour la circonstance, et des cris, tant en anglais qu'en allemand, se croisèrent bientôt avec des voix avinées aux sons des hymnes anglais, allemands, siamois. « Vive l'Angleterre ! » entendions-nous : « Vive Bismarck ! » « Les Français à la porte de Siam ! » crièrent même quelques énergumènes, manifestant ainsi la crainte qu'ont tous ces commerçants de nous voir venir avec notre régime colonial peu libéral et nos douanes qui les effraient, non sans une certaine raison.

Il faut dire que les auteurs de ces derniers cris étaient des Anglais[1] et que le côté allemand ne fit

[1] Les Anglais aiment à faire parade de sentiments hostiles à notre égard là-bas. On sait que dans les hautes sphères politiques, la question siamoise les intéresse vivement. Il suffit, pour le prouver, de citer le télégramme de l'*Agence Reuter* du 13 février 1896.

« Le discours de la reine à l'ouverture du Parlement Anglais « pose en principe que le principal objet du traité franco-anglais « touchant le Siam doit être la meilleure assurance de l'indépen- « dance du royaume de Siam.

« Il y est ensuite question du Venézuéla, de l'Arménie, du Trans- « vaal, du Pays Achanti, du Chitral, et il y est insisté sur l'impor- « tance de l'extension des forces navales. Pendant le débat sur « cette question, lord Salisbury défend le traité au point de vue « des intérêts du Siam, qui, dit-il, *écarte tout danger possible,* « *d'une occupation française de ce pays.* »

Ajoutant qu'une des grandes craintes des Anglais de ce côté était de nous voir mettre la main, dans la Péninsule Malaise, sur les ports de Kra et de Patchoun. Le nouveau traité leur en assure la possession et écarte tout coup de main possible de notre côté sur ces deux points. Et cependant, après avoir parlé des ports du Siam, dont la côte est absolument dénudée, et avoir fait ressortir le peu de sécurité du port de Bang-Kok et ses difficultés d'accès, ainsi que l'inanité de celui de Chantaboum, Grindrod, dans son livre : *Siam*, s'exprime ainsi à propos des ports de Kra et de Patchoun : « Les villes de Kra et de Patchoun, à la « tête de l'estuaire, doivent devenir maintenant un grand port. « Un tel port aurait beaucoup d'avantage par la grande longueur « de l'estuaire, et la présence de montagnes des deux côtés pro- « tégerait la navigation aux deux moussons sud-ouest et nord- « est. La grande île de Junk-Seylon, au-delà de cette côte, a une « population considérable et commerce avec Penang. Les autres « îles sont Panjoûg, Lantar, Trotto et Lancawa, toutes sans impor- « tance jusqu'ici. »

pas chorus. Aux cris, aux accents de la fanfare, se mêlèrent bientôt les roulements de tonnerre, le Dieu toujours clément envoya un peu d'eau pour éteindre les ardeurs qu'avaient allumées les vins de l'Oriental-Hôtel.

Nous fîmes part le lendemain, de nos impressions de la nuit au commandant V***, qui nous avait demandé de venir déjeuner à bord du *Pluvier*.

A ce propos, l'un des officiers du bord me raconta un trait assez touchant, qui me prouva que, nous aussi, nous envoyons parfois nos défis aux Siamois. Il y a quelques années, l'un des Pères missionnaires du collège de Bang-Kok, étant venu déjeuner à bord, pris d'une idée subite, saisit un clairon, et dirigeant le pavillon de l'instrument vers la ville, se mit à sonner à pleines lèvres, avec une maëstria inconnue, notre fameuse marche : *la Casquette du père Bugeaud*. Tout à coup, les accents de *la Casquette* devinrent rauques, le Père laissa tomber le clairon sur son genou et baissa la tête. Les officiers purent voir ses yeux se remplir de larmes. C'était le moment où, à Bang-Kok, la France était tous les jours insultée et que, dans la Métropole, on supprimait la modique rétribution donnée par le Gouvernement aux missionnaires, sous prétexte que leur œuvre n'était pas patriotique !

Après le déjeuner, grâce à l'appui d'un jeune chef de bureau du Ministère siamois, ami des officiers du *Pluvier*, nous pûmes visiter une partie du Palais royal.

Le Palais royal.

La pagode du Palais est énorme et présente un curieux mélange de styles différents ; elle est presque toute construite en pierres et en bois recouverts d'un torchis, et ce torchis est lui-même émaillé de faïences de toutes couleurs. Ces faïences ont une histoire assez curieuse : Un Anglais vint, il y a un certain nombre d'années, installer une importante boutique de faïences de son pays, mais il lui fut impossible d'écouler un de ses produits, à cause de la concurrence chinoise. Il allait donc faire faillite quand il eut l'idée lumineuse de proposer au roi d'orner son palais avec le fonds de sa boutique. Ainsi il put rentrer dans son argent et même trouver un prix rémunérateur. C'est pourquoi presque tous les murs sont ornés là-bas d'anciennes tasses à café et autres objets de goût très européen. A tous les toits pendent des clochettes en argent doré, qui tintent à la moindre brise ; dans les cours des pagodes, des statues, des urnes siamoises sont placées dans un pêle-mêle indescriptible. Un Italien a pu placer au monarque siamois des marbres représentant les soldats des diverses armées européennes, ce qui n'est pas sans déparer quelque peu le style de la pagode. Au milieu d'une des innombrables cours qui séparent les différents temples est une réduction des ruines d'Angkor.

Un des plus curieux temples à visiter à l'intérieur est celui du centre, entièrement dallé en cuivres du pays. Sur un autel est placé un grand Bouddha en bois doré, très finement sculpté, sur la tête duquel on remarque une figurine en jade. Cette divinité a son histoire, elle a été cause d'une des nombreuses difficultés diplomatiques que nous avons eues avec le Siam ces derniers temps ; si on en croit les résidents du Laos, elle a une certaine importance politique[1]. A la dernière invasion siamoise du Haut-Laos, elle fut emportée du Ouate Pra-Kéo de Vien-Tiane par le parti siamois qui dévasta cette région. Nous réclamâmes plus d'une fois cette statue, que les Laotiens vénèrent et semblent considérer comme une sorte de drapeau, mais notre diplomatie n'a pas encore réussi à la faire rendre, et les Siamois semblent attacher une grande importance à la possession de cet objet.

Derrière l'autel, sont des vitrines remplies de monnaies anciennes, entre autres de barres d'or et d'argent. Près de là, un registre où s'inscrivent les

[1] Si on lit les différentes inscriptions anciennes de ces pays, on n'est pas étonné de ce fait. Le Cambodge, le Laos et le Siam ont eu des périodes, le Cambogde surtout, où la patrie et la religion ne faisaient qu'un. De même qu'on a vu les juifs combattre jusqu'au dernier autour de l'Arche d'Alliance, il est très possible que ces peuples attachent une idée patriotique à certaines figurines religieuses.

visiteurs étrangers, d'ailleurs nombreux, qui sont venus voir le Palais royal. En sortant des pagodes, on passe devant la bibliothèque et les appartements privés du roi, que seuls ceux qui ont une audience peuvent visiter. Plus loin, on trouve les écuries des éléphant blancs. Ce sont des éléphants albinos, leur couleur est d'un gris sale. Ils ne peuvent servir qu'à transporter le roi les jours de grande cérémonie, à la crémation[1] de son prédécesseur ou aux fêtes nationales. Ces animaux sont vénérés comme des demi-dieux. Près des écuries se trouvent les Ministères[2] et leurs bureaux ; là on ne travaille que la nuit, mais toute la nuit, et les discussions doivent être arrêtées au lever du soleil, lorsque le peuple se réveille et que les rues s'animent. Quant à l'habitation personnelle du monarque, nous ne pûmes la

1 On connaît le cérémonial avec lequel sont accomplies les crémations. Le roi décédé est conservé dans un temple spécial au moyen de mercure et n'est pas considéré comme mort pendant plusieurs années. Son successeur règne en fait, non en droit, et la cour de l'ancien roi reste constituée. On rend des honneurs au cadavre, son successeur doit le visiter au temple plusieurs fois. Enfin, le jour de la crémation décidé, un vaste four est construit, et le peuple fête alors joyeusement l'avènement au trône du nouveau roi. La crémation des restes de l'ancien roi est l'occasion de danses et de cérémonies spéciales qui n'ont rien de triste. C'est à cette fête surtout que se danse le fameux pas appelé lakhon, dont on voit des reproductions sur les bas-reliefs d'Angkor.

2 Il y a onze ministères au Siam :

Affaires étrangères, finances, guerre (armée et marine), justice, Nord, Sud et Ouest, maison royale, travaux publics (postes, chemins de fer, etc.), intérieur, agriculture (s'occupant également des questions minières et industrielles), instruction publique.

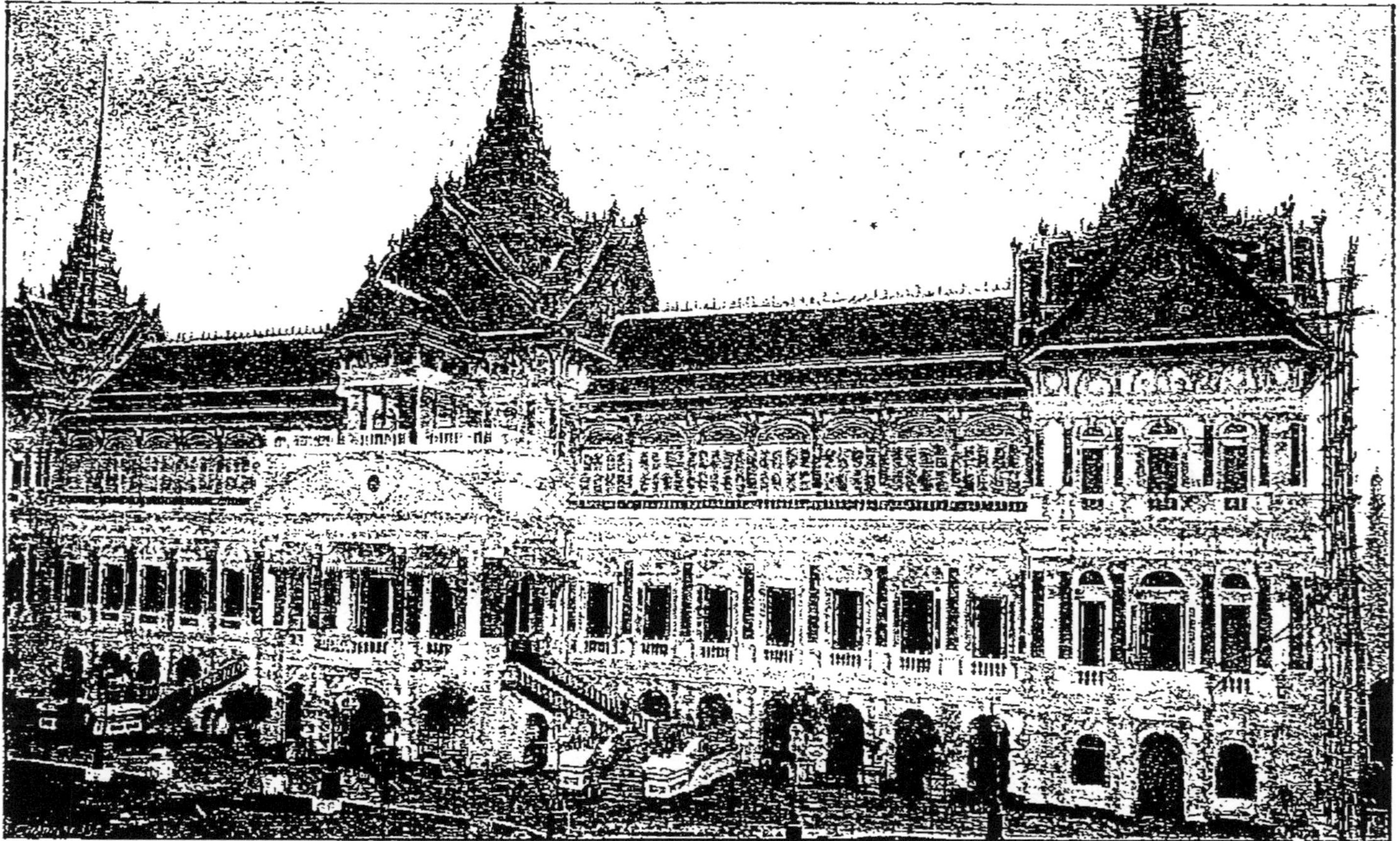

BANGKOK. — LE PALAIS DU ROI.

visiter. C'est un vaste château à l'européenne, d'un goût médiocre, dont sans doute le Siam est très fier.

Le Sam-Peignh.

En sortant du palais, nous voulûmes chercher un contraste et visiter les bas quartiers de la ville où demeurent les miséreux et les Chinois[1]. Les rues en sont étroites et sales, mais quel mouvement! Sur un canal dont les eaux boueuses exhalent une odeur infecte, sont ancrés des centaines de petits bateaux, destinés à apporter les produits du trafic avec l'intérieur. Il y a foule dans les moindres boutiques. Le Chinois s'y presse avec la femme siamoise, qui ici, fait souvent l'économie du cache-seins et se promène dans la rue nue jusqu'à la ceinture. Tous les échanges se font là en sapèques; mais, si le commerce est petit, il est tellement nombreux que le chiffre des affaires doit être très élevé dans ce quartier de Bang-Kok.

[1] Les Chinois sont, comme partout, fort mal considérés au Siam. Ils rendent cependant de grands services. Voici ce qu'en dit M. Grindrod avec peut-être plus de faveur qu'il est juste de leur accorder.

« Les Chinois émigrent au Siam en plus grand nombre que dans « les autres pays étrangers. Ils épousent les femmes siamoises, « et les races sont suffisamment rapprochées pour faire des unions « très satisfaisantes. Les enfants des pères chinois et des mères « siamoises (Luk-Chins) sont doués des meilleures qualités des « deux races. Les Chinois sont paisibles et industrieux. Ils ne « donnent aucun trouble au gouvernement et augmentent consi-« dérablement les revenus du pays. »

Dans un des coins du Sam-Peignh sont des maisons analogues aux maisons de thé du Japon ; elles sont généralement tenues par des Chinois. Le public circule devant une grille en bois qui forme devanture, et, comme au Japon, le client s'arrête et choisit ce qui lui plaît. Pendant notre visite à ces quartiers interlopes, des policemen nous suivaient. Nous pensions que c'était afin de nous protéger contre les attaques de quelques Chinois ivres d'opium ; nous nous trompions étrangement, c'était pour nous servir de guides et d'intermédiaires au besoin. Grâce à leur aide, nous ne nous perdîmes pas dans le dédale des ruelles qui forment le Sam-Peignh [1]. Nous visitâmes, les jours suivants, plusieurs pagodes et pèlerinages assez intéressants et typiques, dont la ressemblance, comme disposition, avec les pagodes du Palais royal me dispense de toute description.

[1] C'est dans le Sam-Peingh que sont accumulées les différentes races formant la population du Siam, population d'ailleurs très hétérogène, si on en juge par la statistique suivante, tirée de l'ouvrage : *Siam*, de M. Grindrod :

Siamois	3.000.000	habitants.
Chinois et métis	3.000.000	—
Hans, Laotiens, Birmans, Paquans.	2.000.000	—
Cambodgiens et Annamites	500.000	—
Malais et Hindous	500.000	—
Européens	1.000	—
Total	9.001.000	—

Le Saint-Cyr siamois.

Mais, parmi nos visites, une qui mérite un chapitre spécial, est l'École militaire. Un officier de réserve de cavalerie de l'armée italienne, ancien journaliste, capitaine instructeur là-bas, nous fit visiter ce curieux établissement.

Les bâtiments sont des mieux installés, bien compris et très confortables; au centre des bâtiments, dans une cour, est un canal qui permet aux élèves de se baigner après les exercices violents. Un gymnase fort bien établi est près des grilles, une splendide salle d'armes, où l'escrime du sabre est surtout en honneur, a été construite à côté. Près de là, des locaux disciplinaires, puis au fond, un vaste bâtiment où est donnée l'instruction théorique. C'était là ce qui nous intéressait le plus : voici les détails que nous avons pu recueillir :

La seule arme qui soit un peu organisée là-bas est l'infanterie; les officiers sont pris parmi les fils de mandarins généralement. Dans l'infanterie cependant arrivent parfois quelques roturiers de mérite.

La cavalerie n'est accessible qu'aux fils de famille, quant à l'artillerie, elle est à l'état embryonnaire.

Les fils de mandarins, ou, pour parler plus juste, de nobles[1], sont généralement intelligents, mais

[1] La noblesse au Siam est assez spéciale; elle n'est pas absolument héréditaire et complètement subséquente de la volonté

fiers et difficiles à faire travailler. Leur allure est facilement militaire, et ils aiment à porter les armes. Ils quittent l'école physiquement forts et supérieurs à leurs hommes, mais ignorent presque totalement l'art de la guerre, et leurs commandements sont généralement peu raisonnés et bons pour la parade seulement.

Nous visitâmes les salles de cours, où un fusil réglementaire démonté est présenté sur une planche suspendue au mur, c'est la carabine anglaise nouveau modèle avec sa baïonnette triangulaire.

Notre officier de réserve a fait exécuter sur ses plans un relief des différentes sortes de fortifications : ainsi les élèves peuvent avoir sous les yeux, avec leurs noms siamois, les différents angles : redans, queues d'hironde, etc., etc...

Au centre de ce vaste tableau en relief est une application générale sur laquelle le professeur fait son cours.

royale. « Le fils du plus haut phya, dit Norman, dans son livre « *Far-Est*, son père ayant été général ou ministre plénipotentiaire, reste un simple nai comme ses aïeux, jusqu'à ce qu'il « obtienne son premier poste dans le service du Gouvernement ; « alors il a le titre de khem ; ensuite il deviendra pra, puis phya, « parfois chao-phya : ce titre est donné pour des services spéciaux. « Il n'y a plus ensuite que cette classe spéciale de phyas auxquels « le roi accorde un crachoir d'or, un pot à thé d'or et une boîte à « bétel du même métal. Ces objets sont rendus au roi après la « mort du mandarin. » Ces nobles sont donc intermédiaires entre la noblesse et le mandarinat. Leurs titres n'impliquent pas forcément une fonction dans l'Etat, ils peuvent être purement honorifiques, mais ne sont pas héréditaires.

Pour le cours d'artillerie, on a adopté une salle spéciale, c'était là le domaine de notre guide, qui était chargé à ce moment d'apprendre aux élèves le maniement d'un petit canon de montagne en bronze destiné à être porté à dos d'éléphant.

J'aurais aimé à assister à l'un de ces cours, et à voir défiler en grande tenue ces braves Européens, Italiens et Danois, qui certes doivent se figurer, à la tête de leurs élèves, qu'ils sont des foudres de guerre.

Moderniser et rendre plus forte son armée est certes le devoir d'un roi de ces jeunes pays, mais il vaudrait mieux commencer plus modestement avec quelque homme sûr. Un roi africain l'a bien prouvé, il y a peu de temps, en tenant tête à un peuple européen, et cependant il n'avait pas un luxe d'écoles et de professeurs comme nous en vîmes au Siam [1].

[1] Est-il bien profitable pour un peuple possédant une civilisation à lui de se modeler sur la civilisation des autres sans les accepter comme maîtres ? L'exemple du Japon ferait opiner facilement pour l'affirmative, mais le Siam a agi plus à la légère.

Le Japon avait une histoire et une tradition: le rapide coup-d'œil présenté ici de l'histoire du Siam prouve que ce pays n'a jamais été organisé, sans cesse déchiré de luttes intestines ou extérieures :

1384. — Les Siamois prennent Xiang-Mai et sont attaqués par le Cambodge.

1385. — Les Siamois attaquent le Cambodge en revanche, et le roi du Cambodge, craignant le Siam, change sa capitale d'Angkor à Bassan et ensuite à Pnom-Penh.

1430. — Les Siamois mettent Chieng-Mai au pillage.

1502. — Les Siamois font une expédition heureuse entre Teunopérim, Mergri et Tavoy.

3 *avril.*

Le *Pesua-Saint-Mooth.* Départ pour Wathana. Le P. Schmidt à Packim.

Était-ce la promenade au Sam-Peignh ou une suite de la visite au Ouate-Saket, mais le matin, en me réveillant, je me trouvai très souffrant et fatigué. Cependant mes amis avaient retenu nos places, et nous devions nous rendre à Wattana, partie par un vapeur sur la rivière de Packim, partie par voie de terre. L'idée nous était venue de visiter ces mines, une des seules exploitations françaises

1530. — Le Cambodge est battu par le Siam.
1540. — Le Siam est battu par le Cambodge.
1544. — Pegu s'empare de la Birmanie et du Siam.
1563. — Pegu demande un des éléphants blancs du Siam, le Siam refuse, Pegu attaque Ayûthya.
1597. — La Birmanie attaque Ayûthya.
1612. — Un bateau anglais monte à Ayûthya.
1620. — Les Portugais envoient les premiers missionnaires au Siam.
1683 — Phaulkou, que l'on suppose avoir été Français, d'autres disent Grec (ce qui paraît plus vraisemblable), arrive au Siam, y prend une grande influence sur le roi Phra-Naraï et introduit l'idée d'alliance avec les puissances européennes pour le commerce.
1685. — Phaulkou fait les premières négociations avec Louis XIV. Louis XIV reçoit les envoyés du Siam. — Phaulkou reconnaît la possibilité de fonder Bang-Kok et construit un fort à la bouche de Kloug-Baug-Luang, on suppose, sur des plans français.
1690. — La jalousie des mandarins éclate contre Phaulkou à propos de l'introduction des Européens dans les affaires. La rébellion est dirigée contre le roi et contre Phaulkou. Celui-ci est assassiné par un parti de patriotes. Puis, une suite de guerres civiles et étrangères.

que nous ayons au Siam, parce qu'on en parlait beaucoup en ce moment, et on escomptait un avenir prochain considérable pour cette affaire. Nous n'avions jamais vu de mines d'or, c'était une occasion d'en visiter et de voir ainsi un peu de la campagne siamoise. Je me traînai donc péniblement jusqu'au *Pesua-Saint-Mooth*.

C'était un petit vapeur pouvant porter cent tonnes environ, muni d'un pont supérieur servant de salle à manger et de trois cabines. Le bateau était commandé par un vieil Allemand et avait à son bord son armateur, un jeune Anglais, qui prenait avec nous des airs de yachtsman des plus entendus.

1759. — Prise de Merqui, Tavoy, Teunopérim par la Birmanie et le Siam.
1767. — Sac d'Ayûthya par les Birmans ; les Siamois émigrent de leur capitale vers le Sud ; une nouvelle dynastie apparaît.
1781. — Phya-Tak, Chinois d'origine, repousse avec succès la Birmanie. Il est déposé pour tyrannie, et Phya-San se fait nommer roi sous le nom de Pra-yod-Fa.
1782. — Fondation de Bang-Kok (même règne).
1795. — Prises d'Angkov et de Battambang sur le Cambodge par le Siam.
1832. — Le Siam étend sa puissance sur Sigov, Patany, Kédah, Kélatan, Triganû.
1841. — Le Cambodge devient tributaire du Siam.
1844. — Le Siam prend Chieng-Sen et Chien-Hai à la Birmanie.
1864. — Le Cambodge accepte le Protectorat Français.

C'est à la suite de ce fait historique que le Siam cherche à s'organiser à l'européenne, sans doute afin de maintenir la longue période de guerres qu'il a aimé à entretenir autour de lui. Nous voyons par les détails de notre visite à Bang-Kok que ces progrès n'ont pas été ceux d'un peuple sage et sagement administré.

Au fond, il cherchait à établir un service jusqu'à Don-Tabu pour le transport des subsistances des mines de Wattana.

Nous nous engageâmes bientôt dans le Nam-Srakéo, traversant le riche delta de Bang-Kok. De nombreux villages se perdent dans les plantations d'arecquiers, de bananiers, des jonques de fort tonnage circulent sans cesse sur le fleuve, transportant du riz ou de la noix d'arec et annonçant un riche trafic. Cette activité dure jusqu'à Pékiou. Là, se présente gracieux, bien placé, dominé par une jolie église, le village catholique du P. Schmidt, l'un des missionnaires les plus influents de l'Indo-Chine. Nous demandâmes à notre jeune amphitryon de stopper quelque temps afin que nous rendions visite au Père. Malgré la grande fatigue que je ressentais dans tous les membres, je fis route avec mes amis jusqu'à la Mission.

Le P. Schmidt est Alsacien, très patriote, et cependant il y a vingt-quatre ans qu'il n'a pas quitté le Siam. Il employa en 1870 un congé de deux ans, le seul qu'il ait demandé, comme aumônier militaire pendant la campagne. Il avait alors neuf ans de résidence au Siam. Il y a donc trente-trois ans que le Père est en relation avec ce pays. Aussi des gens de toute la province de Pékiou et de Packim viennent lui demander conseil à tout instant pour leur culture, leur commerce, etc., et généralement s'en trouvent bien. La région est riche et en plein développement économique. Le Père voulut nous accompagner jusqu'à bord après notre visite, et, en nous quittant, nous dit fort finement : « Excusez-moi, Messieurs, si, lorsque vous êtes arrivés, je vous ai abordés en anglais, mais je ne pouvais penser que vous fussiez Français par le pavillon que porte le bateau que vous avez affrété. » Le fait est qu'à bord du *Pesua-Saint-Mooth* flottaient seules les couleurs anglaises ; nous eussions dû user de notre droit de mettre un guidon français ; la leçon était méritée, nous n'avions qu'à nous incliner.

La contrée présente la même richesse de Pékiou jusqu'à Packim. Ce dernier village est habité par de nombreux Chinois, aussi le jeu de bakouan y est-il fort en honneur. Nous dûmes nous arrêter à ce village pour passer la nuit, car la navigation devient de plus en plus difficile en remontant la rivière, dont les fonds sont très capricieux.

4 et 5 avril.

Don-Tabeck. Une bonne affaire.

La région entre Packim et Don-Tabeck est moins cultivée et moins habitée. Sans doute, les alluvions, plus anciennes, sont moins riches.

A quelques centaines de mètres du village est le magasin de débarquement des mines de Wattana.

Là est un dépôt de petits bœufs porteurs et de buffles permettant de former des convois. Il ne nous restait plus qu'à régler ce que nous devions à notre jeune Anglais. Nous étions convenus de 10 ticaux par jour et par personne. Mais la discussion porta sur le nombre de jours d'occupation du bateau.

Nous avions passé deux nuits, nous comptions deux jours pleins, ce qui était le temps de la réelle occupation; mais, avec l'esprit spécial à la race anglaise, lorsqu'elle se met à causer affaires, celui-ci nous présenta un compte qui nous fit tomber de notre hauteur. Le fin matois était arrivé à un chiffre de quatre jours d'occupation du vapeur, et voici comment : Partis le 2 au soir, nous étions arrivés le 4 au soir, et nous nous trouvions ainsi forcés de coucher à bord pour partir le lendemain matin 5 avril, d'où occupation du bord : 1° le 2, 2° le 3, 3° le 4, 4° le 5. Ainsi, nous disait-il avec le sourire le plus charmant, vous voyez bien que vous avez fait erreur dans vos comptes et que je suis absolument dans le vrai.

Cette erreur de comptes nous fit verser entre les mains de ce yachtsman distingué la somme de 120 ticaux au lieu de 60, ce qui fit baisser dans nos esprits l'impression que son élégance et ses airs de gentleman nous avaient donnée tout d'abord.

Dans la région de Don-Tabeck, comme au Laos, les Siamois font des « rays ».

La traversée des rays de Don-Tabeck fut une des parties dures de l'étape. Souffrant comme je l'étais, je dus me jeter sur un char, car je ne pouvais plus marcher et il me semblait que le soleil, très chaud à cette époque, me desséchait les veines. Je ne me réveillai de cet état de prostration absolue que le soir, à la tombée de la nuit.

Nos hommes s'étaient arrêtés à une mauvaise mare d'eau bourbeuse, dont on pouvait à peine se servir pour faire cuire les aliments, et nous dûmes manger un riz qui croquait tellement sous nos dents qu'il fallut renoncer à cet aliment et nous contenter, pour tout dìner, d'un verre de liquide chaud parfumé avec un fond de bouteille de vin.

Une tablette de chocolat que Jean de Neufville trouva dans sa poche nous donna l'idée de nous faire un déjeuner du matin un peu plus substantiel que le dìner de la veille. Mais nous ne pouvions rien avaler de solide dans l'état de fatigue où nous étions, et où j'étais spécialement, après mon malaise de la veille.

Nous décidâmes donc de faire cuire notre chocolat dans le contenu d'une bouteille d'eau de Vichy, reste de notre caisse de pharmacie du Laos. Cette idée fut fatale à nos estomacs, et nous ne recommandons guère cette recette culinaire.

La marche cependant fut moins dure ce jour-là; nous circulions en Forêt-Épaisse, et le pays autour de nous était pittoresque.

Nous observâmes, chemin faisant, un insecte curieux. Je n'eus pas l'idée de m'en emparer tant était grand mon état d'abattement. Nous avions remarqué depuis quelque temps, que les tiges des plantes que nous foulions étaient couvertes d'une sorte de mousse blanche particulière; je voulus cueillir une de ces plantes, et, à mon grand étonnement, je vis s'échapper, par un saut rapide, une quantité d'insectes dont les individus serrés les uns contre les autres formaient cette apparence de mousse. Il est regrettable qu'à ce moment je n'ai pas eu à ma disposition mon flacon de formol, mais l'idée d'attendre les chars, de rattraper mes compagnons en marchant plus vite m'effraya tellement que j'eus la faiblesse de laisser derrière moi une pièce qui peut-être aurait intéressé la science.

L'aspect de la forêt changea bientôt, et nous retombâmes dans la Forêt-Claire. C'était pour nous un souvenir des journées de Féa-Fay à Attopeu; mais, cette fois-ci, nous circulions à pied, fatigués au moral comme au physique et souffrant réellement.

Enfin, pour la première fois, à midi, nous eûmes de l'eau !!! Ce fut pour nous une joie intense de pouvoir enfin nous laver et boire.

C'était une mare dans un arroyo desséché; il y

avait dans le centre une cuvette assez profonde où devait exister une source, car l'eau était très fraîche. Nous nous roulions avec volupté dans cette eau délicieuse, éteignant ainsi le feu qui brûlait nos veines et mouillant avec un plaisir ineffable tout ce que nous pouvions de notre individu. Nous sentions nous venir l'appétit, la gaieté, et, quelques minutes après, nous étions installés devant un riz qui ne croquait pas et quelques conserves l'assaisonnant.

Nous nous préparions à reprendre notre route à deux heures, quand nous aperçûmes, au travers de la Forêt-Claire, deux cavaliers venant sur nous. L'un était porteur d'un Winchester, l'autre d'un revolver; c'étaient deux Européens, à ce qu'il nous semblait. Quand ils furent plus près de nous, nous reconnûmes M. J***, administrateur délégué des mines, accompagné de son boy annamite. Il se rendait à Don-Tabeck, pensait faire l'étape plus rapidement et n'avait pas bu depuis le matin. Nous lui offrîmes un peu de vin, et, en nous quittant, il nous annonça que nous pourrions arriver à Wattacop, premier puits de la mine, le soir vers neuf heures.

Nous n'y arrivâmes qu'à onze heures, mais, ravivés par notre bain, l'étape nous avait été supportable. Reçus par le directeur de l'exploitation, nous fûmes installés sous la vérandah de la paillote, une jolie maison en bambous bien protégée par son toit de paille de riz, contre le soleil et la pluie.

7 Avril.

Un puits de mine d'or. Quelques explications sur les mines d'or. Une charmante rencontre.

En nous réveillant, nous eûmes la joyeuse surprise de nous trouver en nombreuse société de Francais. L'ingénieur des Mines chargé des prospections était là de passage et nous proposa de lui-même une visite aux puits de Wattacop.

Quelques moments plus tard, nous nous promenions dans la forêt, et l'ingénieur nous faisait remarquer des parties de roches blanchâtres qui s'élevaient au-dessus des terres pour disparaître ensuite. Ce sont des affleurements de quartz aurifère, nous dit-il, et, en broyant ces roches, on doit trouver de l'or. — Mais ne croyez pas qu'il suffise de broyer ce quartz pour faire une fortune, bien souvent le minerais n'est pas riche et ne vaut pas le coût de l'exploitation[1]. C'est ce rapport du prix de

[1] Suivant les opinions de M. Grindrod, l'or serait en grande abondance au Siam et les minerais très riches du côté de Kaline et de Watal (l'expérience ne l'a pas prouvé). Mais, ce qui est certain, c'est que le Siam est susceptible de grandes richesses minières.

L'étain se trouve en grande quantité dans la Péninsule Malaise; il est exploité à Kauburg et dans les montagnes de Katburg et Petehaburg. On peut tirer, disent les ingénieurs, jusqu'à 2.250.000 tonnes de ces mines.

Les rubis et les saphirs se trouvent du côté de Chantabum et de Krah; en face de Xieng-Khong est un riche district de pierres précieuses suivant les prospections de M. Warington-Smith.

revient au prix de vente qu'établit la prospection, et c'est ainsi que la Société peut être renseignée sur le point de savoir s'il y a lieu d'ouvrir ou non un puits de mine dans la région. — Les mines de Wattana n'étaient donc à ce moment qu'à l'état de prospection. Néanmoins nous prîmes grand intérêt à cette première visite, qui nous apprenait ce que doivent être les travaux préparatoires du mineur et nous faire mieux apprécier le peu de sécurité des affaires de mines d'or, qui peuvent naître pour disparaître sans rien produire, si le quartz n'est pas rémunérateur.

Quand un affleurement est trouvé, nous dit l'ingénieur, on en note la direction, on cherche s'il en est d'autres plus loin, dans le même sens, et on détermine ainsi une probabilité de direction du filon cherché; alors il est nécessaire d'attaquer en plusieurs endroits par des puits qui détermineront la valeur du quartz aurifère dans les différents points, partant la valeur approximative du filon entier.

Les diamants se trouvent près de la frontière cambodgienne.

Le fer: il y en a des mines près de Prabat et de Patavi dans une région très malsaine.

Le charbon : à Kra (entre Baudon-Bight et la baie de Kilong) Trang, Paklas.

Le pétrole a été signalé à la surface d'un puits près de Muang-Tang.

L'argent : il y en beaucoup près de Xieng-May.

Antimoine : Etats Laotiens du Nord.

Cuivre : Petchabouri, Nam-Sak, Etats Laotiens du Nord.

Voici comment procède l'ingénieur. De ces puits de prospection il tire une quantité déterminée de quartz et le fait broyer dans un petit broyeur à un seul pilon. La poussière de quartz est entraînée par un courant d'eau sur une plaque à mercure, et l'or s'amalgame au passage. C'est ainsi que, ayant fait passer une tonne de quartz sur la plaque mercurielle, on peut dire : ce puits de mine donne tant de grammes « d'or à la tonne », l'or ayant été préalablement désamalgamé dans le laboratoire.

Une mine d'or ne peut être prospectée sans certains frais : Il faut un broyeur, un laboratoire, un ingénieur et des ouvriers. Ainsi donc, une simple présomption de présence d'or peut donner lieu à l'émission d'un certain capital, et tout propriétaire de mines d'or ne peut s'assurer de la valeur de ses mines qu'avec un sacrifice d'argent. Dans les prospections d'affaires peu importantes et lorsqu'on veut prospecter à l'économie, ce qui est le meilleur système, on envoie un ingénieur en mission. Celui-ci emporte avec lui des sacs de quartz étiquetés, revient en France avec eux, fait le travail dans son laboratoire, puis d'après ce qu'il a vu, prépare un devis des frais d'exploitation comparés au rendement de la future mine. Le rapport est envoyé aux administrateurs de l'affaire, qui décident comment il faut mener les choses et quelles dépenses seront nécessaires.

THÉATRE SIAMOIS.

Wattacop nous représentait donc une mine à ses premières recherches. M. B*** était l'ingénieur prospecteur de la mine.

Nous descendîmes dans un des puits. Wattacop présentait deux des inconvénients qui rendaient son exploitation plus difficile, partant plus coûteuse que d'autres mines. On trouvait l'eau à quelques mètres de terre, ce qui nécessite toujours de gros frais d'épuisement, et le puits, profond, manquait d'aération. La chaleur lourde et humide qu'il faisait dans le fond était véritablement insupportable et les mineurs siamois eux-mêmes en souffraient beaucoup. Il y avait donc là à faire deux gros frais : l'épuisement de l'eau et l'aération des galeries. Il fallait, dans de telles conditions, que Wattacop fût très riche. — Cinq filons différents avaient été trouvés à Wattacop, et les journées étaient précieuses pour les mineurs. Aussi nous ne voulûmes pas abuser de leur obligeance et décidâmes de partir dans l'après-midi. Justement l'ingénieur se dirigeait également sur Wattana, son convoi était tout prêt, commandé par sa jeune femme, une vaillante Française que les Sociétés de Géographie connaissent bien par tous les services qu'elle a rendus. Dans la forêt, elle est, comme à Paris, la gracieuse ménagère de son mari, c'est une des rares voyageuses qui ait su conserver la grâce et la douceur féminines avec l'énergie de l'exploratrice. Aussi fut-ce un réel plaisir pour nous de continuer notre voyage en conversant avec une femme et, qui plus est, une Parisienne. Les hautes futaies du lieu nous donnaient par instants des illusions de Bois de Boulogne, et nous nous promenions en plein Paris sous le soleil siamois, éveillant les échos de la forêt-clairière, si monotone tout à l'heure, et dont nous oubliions maintenant les rigueurs. C'est ainsi que se passa facilement pour nous la route de Srakéo. Près de la rivière est la tombe, bien simple : une croix en bois, d'un jeune Européen. Celui-ci marchait devant ses chars ; les conducteurs, descendant au grand trot de leurs buffles les berges de la rivière, le serrèrent dans le chemin étroit : il fut écrasé sous son propre véhicule et tué net.

Le Nam-Srakéo, un simple ruisseau à cette époque-ci de l'année, est navigable en saison des pluies. Le villlage est placé sur la rive gauche de la rivière et peut avoir une centaine d'habitants. Le type de ces villages siamois est absolument le même que le village laotien, la race du bas peuple siamois et ses usages ne différant en rien du Laotien. Pendant que nous allions prendre un bain dans la rivière, Mme B*** nous avait organisé un très confortable dîner, et nous trouvâmes tout préparé pour nous rendre le campement aussi agréable que possible.

8 *Avril.*

De Srakéo à Nang-Ching.

Nous marchâmes ce jour-là toute la matinée sans rien voir. Un petit accident arrivé au char de Mme B*** nous avait retardé. Ainsi, après déjeuner, Jean de Neufville et moi décidâmes de partir pour annoncer notre arrivée, mais le soleil était très ardent, et notre fatigue, un moment secouée, nous reprit. — Nos estomacs nous faisaient horriblement souffrir, et nous avions peine à marcher.

Enfin, de hautes paillotes nous apparurent dans une partie brûlée de la forêt, ce devait être là le village français. Un des ouvriers nous indiqua la paillote du directeur, où nous annonçâmes l'arrivée des chars et de notre convoi. Nous fûmes reçus à bras ouverts, et on nous permit de prendre un repos bien mérité.

Le soir, à la table de Nang-Ching, nous étions dix Français, dont trois dames.

9 *avril.*

Nang-Ching.
Exploitation des mines de Wattana.

Le village de Nang-Ching est placé sur les bords d'un arroyo desséché dans lequel ont été creusé des puits. On trouve l'eau à 3 mètres de profondeur au moment des plus grandes sécheresses.

A la saison des pluies, l'eau coule abondamment dans le ruisseau, et la pente du village est suffisante pour qu'il ne soit pas inondé.

L'eau de Nang-Ching est très saine et n'a aucun goût végétal, sa fraîcheur est très suffisante pour qu'elle soit agréable à boire sans risquer de rendre malade.

L'installation de Nang-Ching serait parfaite, nous disait le directeur, si les convois n'étaient pas si coûteux. Les chars à bœufs, qui portent si peu, reviennent chacun à 16 ticaux. Les Siamois exploitent la situation isolée du village de Nang-Ching et il faut bien en passer par où ils veulent.

De nombreux projets de routes étaient à l'étude à ce moment au cas où la mine prendrait du développement.

Nous vîmes à Nang-Ching ce que nous avions déjà vu à Wattacop : une mine à l'état de prospections.

Après deux jours de repos au village, nous nous décidâmes à quitter nos hôtes. Un des mineurs prétendait avoir été attaqué par un parti d'indigènes sur la route de Wattacop, mais M. B*** attachait peu d'importance à ses dires. Néanmoins nous sortîmes nos revolvers des valises en partant.

Le 11 avril, nous étions à Wattacop sans encombre ; là, nous rencontrâmes tout le personnel européen que devait employer la mine, des Italiens, des Autrichiens, des gens de toute sorte et de toutes nations. La plupart avaient profité copieusement de l'hospitalité de Wattacop, et nous dûmes nous défendre plus contre nos semblables que contre les fameux indigènes révoltés qu'on nous avait annoncés.

Aussi quittâmes-nous de bonne heure ce village trop hospitalier et, enjambant une dizaines d'ivrognes, nous pûmes enfin faire route vers Don-Tabeck.

Ce ne fut pas sans une certaine reconnaissance que nous traversâmes l'arroyo et la source où nous avions pris un bain si délicieux. Nous voulûmes recommencer ce déjeuner, dont nous gardions un si bon souvenir, mais les jours se suivent et ne se ressemblent pas. Un troupeau de buffles avait, en passant, souillé l'eau limpide de la source et, au pied de l'arbre, où nous nous étions assis la première fois, était roulé un serpent venimeux qu'il nous fallut tuer avant de nous installer. Ce serpent ou plutôt cette grande vipère, avait le corps d'un gris roussâtre et la tête triangulaire. Elle ne se défendit pas lorsque je l'attaquai avec le coupe-coupe d'un Laotien, et nous pûmes nous apercevoir qu'elle était en train de digérer. Nous trouvâmes dans l'intérieur de son corps un gros rat tout entier, couvert d'une substance verdâtre. L'animal formait comme une immense bosse au milieu du corps du reptile. Le rat était bien gros comme six fois la tête du serpent, et cet événement fit les frais de la conversation le reste de la journée.

Enfin, le 13 avril, nous atteignions Don-Tabeck et repassions à Pakim, où nous attendaient *le Pesua-Saint-Mooth* et un bateau siamois faisant le service. Notre Anglais nous courut après, il nous proposait de nous embarquer à un prix bien inférieur que le Siamois, et, comme il partait de meilleure heure et que son bateau était plus propre, nous eûmes la faiblesse d'accepter. Que le Dieu vengeur des voyageurs étrillés nous le pardonne.

En attendant le départ du bateau, nous visitâmes le Pénitencier de Pakim. Les prisonniers sont libres dans la ville, mais avec les chaînes aux pieds. Des anneaux rivés ne leur permettent que de tous petits pas. Un appel est fait le matin et le soir, à cette heure, ils doivent être présents, on les enferme alors dans une cage de bois tous ensemble. Des femmes, de tous jeunes enfants sont ainsi enchaînés ; nous vîmes même des femmes nourrissant de jeunes bandits qui n'avaient pas trois mois. Le matin, les prisonniers sont lâchés, ils peuvent vaquer à toutes sortes de travaux, mais traînent toujours les fers aux pieds. C'est ainsi que nous vîmes, avant de partir, toute une bande de prisonnières prenant leurs ébats dans le fleuve et se livrant à une toilette des plus complètes.

Retour en France.

A partir de ce jour, nous fîmes route directe pour joindre notre paquebot. Arrivés à Bang-Kok, nous nous assurâmes des places à bord d'un des navires faisant le service régulier. Mais nous nous aperçûmes que la régularité n'était pas absolue, lorsqu'on nous annonça tranquillement que notre vapeur, n'ayant pas son plein chargement, ne partirait que plus tard. C'était notre paquebot manqué, nous avions entrevu cependant avec une certaine joie le retour prochain au milieu des nôtres. Nous allâmes trouver l'armateur, un Allemand, portant étiquette anglaise pour la Compagnie et protégé Français. Celui-ci se contenta de nous demander pour partir une somme énorme que nous nous résignâmes à verser. C'était une nouvelle exploitation des habitants européens de Bang-Kok, population peu choisie d'ailleurs et dont nous emportions de tristes souvenirs.

Nous prîmes notre paquebot à Singapour non sans incident, le choléra s'était déclaré à bord : l'un des boys chinois qui nous servait fut emporté en une heure par la maladie sans que nos soins pûssent y porter remède. Nous eûmes heureusement affaire à un service de santé plus large que dans nos ports français, et ce fut avec bonheur que nous retrouvâmes l'excellent paquebot des Messageries maritimes avec son service bon enfant et son capitaine aimable. Vingt jours après nous revoyions la France, et je repassais encore par l'ancienne et douce émotion du retour dont on ne peut se défendre quand on arrive à Marseille.

Mais nous n'oublions pas l'Indo-Chine, ses sites merveilleux nous attireront encore quelque jour, et puis, notre étude n'est pas complète, nous n'en connaissons que le Sud.

L'année prochaine paraîtra le second volume de l'ouvrage: En Indo-Chine, où sera raconté le voyage de M. le comte de Barthélemy dans le Nord: *Tonkin, Annam, Haut-Laos.*

TABLE DES MATIÈRES

PARIS. — IMPRIMERIE PLON, NOURRIT ET Cie.

A LA MÊME LIBRAIRIE :

Paris. Typ. de E. Plon, Nourrit et Cie, 8, rue Garancière. — 4863-136.

www.ingramcontent.com/pod-product-compliance
Ingram Content Group UK Ltd.
Pitfield, Milton Keynes, MK11 3LW, UK
UKHW020438200726
13857UKWH00002B/473

9 782012 859715